TWISTED

VERDAMMT GEILES ESSEN

Über 110 unfassbar leckere Rezepte, die süchtig machen

riva

INHALT

Tom Jackson (links) und Harry Bamber (rechts), die beiden Köpfe von *Twisted*, begegneten sich zum ersten Mal vor der Haustür zu Harrys altem Wohnhaus in London an einem knackig kalten Tag im Januar 2016. Der talentierte Birminghamer Koch Tom und der leidenschaftliche Videograf Harry begannen, Food-Videos aufzunehmen und in den sozialen Medien zu veröffentlichen. Nach nur sechs Wochen hatten sie eine Million Follower.

Heute besteht *Twisted* aus einem zwölfköpfigen Team im Londoner Osten, und ihre Followergemeinde ist auf über 30 Millionen Menschen weltweit angewachsen. Von Kairo bis Mexico City, von Sidney bis São Paolo, alle Welt fühlt sich davon angezogen, dass *Twisted* so erfrischend und mit so viel Spaß ans Kochen und Essen herangeht.

EINLEITUNG

»Zum Teufel mit Mode, Trends und Wettbewerb in der Gastronomie! Kochen soll Spaß machen, genau wie Essen.«

KEITH FLOYD

Habt ihr je mit verkatertem Brummschädel die Eier in eurer Carbonarasoße gerührt und versucht, die Spaghetti unterm Wasserhahn abzuspülen? Oder habt ihr je eine Lasagne eine Stunde lang im Ofen gehabt und die Grillfunktion war an? Oder Rindfleisch in einer Obst-Sahne-Torte verwurstet? Irgendwie haben wir alle so etwas doch schon erlebt, stimmt's? Nun, wir haben vor, den Druck rauszunehmen, Sicherheit zu geben und euch hoffentlich zum Lachen zu bringen.

In der Welt geht es manchmal ziemlich ernst zu und in der Welt des Essens ganz besonders – hier strotzt es nur so vor selbstsicheren Egos, Dampfplauderei, Regeln von vorgestern und, wie der Fernsehkoch Keith Floyd sagte, Wettbewerb in der Gastronomie. Bei *Twisted* machen wir um all diese Dinge wenig Aufhebens. Für uns hängt das gute Leben nicht von der aktuell angesagten Ernährungsweise ab (Kalorienzählen mit dem Rechenschieber) oder davon, sich blind an das neueste, wahrscheinlich ziemlich kostspielige »Wellness«-Credo zu halten. Wir möchten leidenschaftlich daran erinnern, dass es okay ist, sich ab und zu etwas zu gönnen und – was am wichtigsten ist – Spaß daran zu haben. Es macht glücklich, das, was man gerne isst, zu kochen und zu genießen. Es ist einfach wichtig, im Leben das zu tun, was man liebt.

Wir leben in einer Zeit der übersteigerten Selbstbezogenheit; unsere Worte, unser Aussehen, praktisch unser gesamtes Tun und Lassen wird von der ganzen Welt beäugt. Daher gilt: Ab und zu dürfen wir uns ruhig amüsieren. Ist euch die alte Maxime »alles in Maßen« noch ein Begriff? Die ist nach wie vor aktuell. Und wenn ihr einen freien Tag habt oder euch etwas Gutes tun wollt, dann könnt ihr das doch auch einfach richtig machen.

Manchmal sind wir nach der Arbeit erledigt, wir möchten das Abendessen so schnell wie möglich abhaken. Und an anderen Tagen? Da wollen wir uns so richtig verausgaben, alle Küchenutensilien benutzen, die wir finden können, vielleicht mit einer guten Flasche Wein und nebenbei schon einmal alles ein wenig vorkosten. Ob nun so oder so, die Beziehung zum Kochen hat etwas

Kultisches, sie ist eine Hassliebe mit Höhepunkten und Tiefgängen, ohne die wir buchstäblich sterben würden. Wäre es da nicht großartig, wenn ihr die ganzen Regeln über den Haufen werfen und einfach das machen könntet, was ihr wollt, und euch wieder ins Kochen verliebt?

Dingen einen anderen Dreh zu geben, das ist nicht neu. Man braucht sich nur anzusehen, wo einige der britischen »Nationalgerichte« herkommen – das Konzept des »Fusion Food« gibt es seit Jahrhunderten. Banh Mi, das ikonische und weltberühmte vietnamesische Sandwich, besteht aus einem krossen französischen Baguette mit einem Schlag Pastete als Grundlage für das gegrillte Fleisch, die Kräuter und das eingelegte Gemüse. Das Vindalho – von einer Handvoll Länder entlang der historischen Gewürzhandelsroute angenommen und dort sehr beliebt – stammt von einem alten portugiesischen Gericht ab: Carne de vinha d'alhos. Wem gehören diese Gerichte denn nun wirklich? Auf Fish and Chips erheben die Briten Anspruch, es wird aber auch gesagt, dies sei eine jüdische Kreation. Die französischen Pommes Frites? Wurden in Belgien entdeckt. Käsekuchen ist angeblich griechisch, und es heißt, der Pastateig sei in China entwickelt worden. Allerhand!

Spürt man den einzelnen Schritten nach, die unser aller Essen in seiner Entwicklung gegangen ist, so ist das quasi eine Lektion darüber, wie unsere kulinarischen Geschichten sich allmählich miteinander verflochten haben. In unserer heutigen hypervernetzten Welt können wir sehr viel mehr voneinander lernen und Wissen über Essen von anderen übernehmen. Es ist heute einfach viel schneller, einfacher und auch angebrachter denn je. Für Köche ist das eine wirklich spannende Zukunftsaussicht.

Je mehr wir uns austauschen, desto mehr rücken individuelle, gesonderte Esskulturen in den Mittelpunkt und wollen bewahrt werden. Das ist sicherlich wichtig, aber wenn man es übertreibt, bedeutet es, dass Essen weder Landesgrenzen noch Zeit überwinden kann, dass es sich nicht entwickeln, verändern und sich im Ergebnis nicht verbessern kann. Inmitten all der Fake News sehnen wir uns alle danach, traditionelles, »wahres« Essen aufzustöbern, das Geschichte und Bedeutung in sich birgt – Essen, das uns in eine bestimmte Zeit und an einen bestimmten Ort transportiert. Die verstaubte Erstausgabe eines Kochbuchs der Mogule fasziniert uns genauso wie der nächste kulinarische Heilsbringer; in Wahrheit aber hungert die Welt heute auch nach etwas Neuem. Kultur ist nicht statisch, und das Essen als kultureller Eckstein sollte es auch nicht sein. Mangelnde Authentizität beim Essen wird oft pauschal abgewertet, aber sie birgt vieles, was man super finden kann: Sie steht für Innovation, Experimentierfreude und letzten Endes für Fortschritt.

Diese Diskussion wird nirgendwo mit mehr Energie ausgetragen als in den sozialen Medien. Die heutige digitale Essenslandschaft hat unsere Horizonte erweitert und konfrontiert uns mit neuen regionalen Küchenspezialitäten, neuen Kulturen und, was besonders wichtig ist, mit den Menschen, die ihre Ansichten in die Welt hinaustragen. Diese überwältigende Meinungsvielfalt erinnert uns daran, wie subjektiv Essen ist. Es gibt wahrhaftig kein richtiges oder falsches Kochen, sofern es für euch richtig ist. Das erinnert stark daran, dass wir zwar eigentlich alle unterschiedlich, aber gleichzeitig durch das Essen auch alle gleich sind.

In unserem Kochbuch schreiben vier Personen die Rezepte und Geschichten, drei sind Illustratoren, drei Fotografen, drei Stylisten, wir haben zwölf Mitarbeiter und über 30 Millionen Menschen in der ganzen Welt. Es ist ein Destillat und genauso ein Spiegelbild dieser ineinanderfließenden und zu einander in Kontrast stehenden Ansichten. Wenn es sich also je etwas wild anfühlen sollte – darum geht's uns ja. Exakt so sieht die aktuelle Debatte aus.

DIE REZEPTE

Twisted geht es um mehr als um einen Spritzer Fischsoße in der Bolognese (macht es aber ruhig trotzdem mal!) oder etwas Balsamicoessig zu den Erdbeeren (nobel!). Nach unserem Empfinden lässt sich das Kochen (und das Leben) wirklich allein durch die eigene Einstellung sehr viel mehr genießen. Es geht darum, alles infrage zu stellen. Warum muss ich diese Zutat jetzt dazugeben? Warum kann ich das nicht auf einem Berg Zwiebeln kochen? Was ist falsch daran, etwas in XXL zuzubereiten? Manchmal fühlt man sich wie blockiert vom Aussehen eines Gerichts auf einem Foto oder davon, wie jemand sagt, dass es zubereitet werden muss. Aber wie gesagt – ihr macht eure eigenen Regeln!

Ob nun der Nudelsalat wie eine große fliegende Bruschetta aussieht (S. 160), Camembert direkt auf den Spaghetti überbacken wird (S. 153) oder eine Pakora ein bisschen einem Krebs ähnelt (S. 32), es gibt so einiges an Möglichkeiten, euren Kochstil neu zu beleben, und das beschränkt sich nicht nur darauf, einfach eine Zutat gegen eine andere zu tauschen. Es könnte genauso gut eine unkonventionelle Art und Weise sein, etwas zu kochen oder zu servieren, sodass es wie etwas anderes aussieht. Kurz gesagt, wir ermutigen euch ganz entschieden, mit dem Essen zu spielen.

Einige Rezepte sind anspruchsvoller als andere und verlangen mehr Konzentration, etwas mehr Zeit oder ein paar neue Zutaten, und manche sind so kinderleicht, dass ihr sie im Nu zusammenrühren könnt (oder mit ausgewachsenem Kater). Der Ansatz ist allerdings derselbe: Wir machen immer etwas irgendwie ein wenig anders. Wir halten es für wichtig, den Horizont mit neuen Zutaten zu erweitern, also geht, wenn möglich, zu einem guten Asiamarkt und besorgt euch diesen Essig aus Chinkiang. Ihr werdet es nicht bereuen. Jeder kocht anders, deswegen haben wir bei den Rezepten keinen Schwierigkeitsgrad angegeben. Die Rezepte in diesem Buch sind für alle zu schaffen. Also lesen und ausprobieren!

Eines möchten wir noch vorneweg anmerken: Wir bieten zwar genaue Mengen und Anweisungen an, wir fordern euch aber unbedingt auf, die Rezepte nach eurem Geschmack zu verändern; ändert die Zutaten oder die Mengen je nach Lust und Laune. Ironie ist kein Fremdwort für uns – wir selbst halten uns ja nicht so ganz an Rezepte, warum also solltet ihr es tun? Unsere eigenen Rezepte haben wir bis zum Gehtnichtmehr getestet und können euch garantieren, dass ihr nicht enttäuscht sein werdet, wenn ihr sie strikt befolgt (aber wir sind nicht beleidigt, wenn ihr es nicht tut – ganz im Gegenteil!). Bei *Twisted* geht's nicht darum, exklusiv, missionarisch oder autoritär zu sein. Wir wollen euch zu Kreativität inspirieren, damit ihr auf eure Art und Weise kocht. Wir wollen euch nicht vorschreiben, was ihr tun sollt. Das würde ja keinen Spaß machen.

DIE KAPITEL

Wir haben unser Buch in drei klare, leicht verdauliche Abschnitte unterteilt: Unter den Basics (S. 14) findet ihr einige unserer Grundrezepte: Milchbrötchen, eine klassische Hackfleischsoße, die sich praktisch allein im Ofen kocht, ein leckeres Ketchup, die beste Hähnchenburger-Soße, die ihr je gegessen habt, usw. Diese Rezepte tauchen entweder mehrmals im Buch auf oder sind einfach nette Begleiter zu unseren Speisen und passen ansonsten nirgends im Buch hin! Wir wissen, dass dies nicht die übliche Aufstellung von »Kochgrundlagen« ist, aber wenn ihr so etwas sucht, findet ihr alles, was man so braucht, bei den klassischen Kochshows im Fernsehen oder im Internet.

Wir sind fest davon überzeugt, dass Essen gemeinsam mit lieben Menschen genossen am besten schmeckt. Deswegen haben wir die erste Hälfte unseres Buchs dem sozialen Aspekt des Essens gewidmet: Anlässe (S. 28). Ob nun euer veganer Kumpel zum fleischlosen Montag vorbeikommt, ihr eure Freunde im Park beim Picknick beeindrucken wollt oder am Wochenende Sport angesagt ist und ihr »nix dahabt« – wir stehen hinter euch!

Und was kommt nach dem Fest? Zutaten (S. 160). Manchmal, wenn man keine Lust hat, etwas auf die Beine zu stellen und etwas auszuprobieren, neigt man zu den Dingen, die man am liebsten mag. Das ist völlig in Ordnung. Und wir verstehen das so sehr, dass wir die andere Hälfte des Buchs darauf verwendet haben. Hähnchen, Schokolade, Wraps, Obst, Kartoffeln und Pasta: Dies sind einfache Rezepte mit den Lieblingszutaten der ganzen Welt.

Okay, so viel von uns. Viel Spaß!

Markiert uns in euren Kreationen! #twistedcookbook

@Twisted

@JungleTwisted

BAS

ICS

BROT

KARTOFFELBRÖTCHEN

S. 33

Für 7 Brötchen in Burgergröße

450 g Kartoffeln, geschält und in 3 cm große Stücke geschnitten

30 g ungesalzene Butter sowie Extrabutter zum Einfetten

325 g Weizenmehl Type 812 für Brot sowie Extramehl zum Bestäuben

2½ EL feiner Zucker

1 Päckchen (7 g) Trockenhefe

1 TL feines Meersalz

¼ TL gem. Kurkuma

1 großes Ei

Sesam zum Bestreuen (optional)

Zum Bestreichen:

1 Ei, verquirlt

1 TL Milch

1. Die Kartoffeln in einen mittelgroßen Topf mit so viel Wasser geben, dass sie bedeckt sind. Auf großer Hitze zum Kochen bringen und etwa 15 Min. garen bzw. bis beim Einstechen mit der Messerspitze kein Widerstand zu spüren ist. Abgießen, 5 EL Kochwasser zurückbehalten und Kartoffeln zum Abdampfen wieder in den Topf geben.
2. Kartoffeln in einer Kartoffelpresse oder mit dem Stampfer verarbeiten, 250 g der Masse abwiegen (dies müsste eine ausreichende Menge ergeben) und die Butter einrühren, bis sie geschmolzen ist.
3. In der Küchenmaschine Mehl, Zucker, Hefe, Salz und Kurkuma mischen. Die warme Kartoffelmasse zum Mehlgemisch geben und mit den Händen gründlich vermengen (ein paar größere Stückchen sind okay). Eier und Kochwasserrest hinzugeben und mit Knethaken 5 Min. auf niedriger Stufe verkneten, bis der Teig weich und leicht klebrig ist.
4. Die Masse auf eine bemehlte Fläche geben und behutsam zu einem glatten Teig durchkneten, dann zu einer Kugel formen. Eine Schüssel leicht einfetten und die Teigkugel hineingeben. Fest mit Frischhaltefolie abdecken und bei Zimmertemperatur gehen lassen, bis sich das Volumen nahezu verdoppelt hat, also 30–40 Min.
5. Den Teig auf die Arbeitsfläche setzen – nur, falls er zu klebrig zum Verarbeiten ist, mit Mehl bestäuben – und in 7 gleich große Stücke teilen. Mit Frischhaltefolie abdecken und etwa 15 Min. ruhen lassen.
6. Die Teigstücke einzeln (die anderen bleiben unter der Folie) zu glatten, prallen Kugeln formen. Die Kugeln mit Frischhaltefolie bedecken und weitere 15 Min. ruhen lassen.
7. Zwei Backbleche mit Backpapier auslegen. Auf einer leicht bemehlten Fläche alle Kugeln zu einer gleichmäßig dicken Scheibe mit 9 cm Ø pressen und dabei alle größeren Luftblasen herausdrücken. Auf den Backblechen anordnen, locker mit Frischhaltefolie bedecken und bei Zimmertemperatur 30–40 Min. aufgehen lassen, bis sie doppelt so groß sind.
8. Unterdessen den Ofen auf 220 °C Ober-/Unterhitze (Umluft: 200 °C) vorheizen.
9. Ei und Milch verquirlen und die Brötchen damit bestreichen. Sesam darüberstreuen (falls verwendet). 15–18 Min. backen, bis sie tief goldbraun sind, die Backbleche tauschen nach der Hälfte der Zeit die Plätze. Auf den Blechen 5 Min. abkühlen lassen, dann die Brötchen auf Kuchengitter setzen und ganz abkühlen lassen. Am besten aufgeschnitten und getoastet zum Burger servieren.

LANGSAM GEHENDER PIZZATEIG

Für 3 große Pizzaböden

625 g Weizenmehl Type 812 für Brot

2 EL feiner Zucker

2 TL feines Meersalz

1 Päckchen (7 g) Trockenhefe

420 ml Wasser

55 g ungesalzene Butter

Mehl zum Bestäuben

1. Mehl, Zucker, Salz und Hefe zusammen in die Schüssel einer Küchenmaschine geben und durch Intervallmixen vermischen. Wasser hinzugeben und mindestens 15 Sek. lang verarbeiten, bis die Masse eine Kugel bildet, die sich in der Schüssel dreht. Butter hinzugeben und weitere 15–30 Sek. verarbeiten, bis alles gut vermengt ist.
2. Die Masse auf eine leicht bemehlte Arbeitsfläche geben und zu einem glatten Teig kneten.
3. Teig in 3 gleich große Portionen teilen und jede Portionin einen Gefrierbeutel geben. Im Kühlschrank mindestens 24 Std., maximal 5 Tage gehen lassen.
4. Aus dem Kühlschrank nehmen, zu Kugeln formen und vor dem Backen mindestens 2 Std. bei Zimmertemperatur ruhen lassen.
5. Den Ofen mindestens 1 Std. vor dem Backen auf 220 °C Ober-/Unterhitze (Umluft: 200 °C) vorheizen und einen Pizzastein, eine große, flache, gusseiserne Pfanne oder ein schweres Backblech zum Aufheizen in den Ofen geben.
6. Den Teig auf einer leicht bemehlten Arbeitsfläche vorsichtig zu einem Kreis von 20 cm Ø auseinanderpressen, dabei 3 cm Rand für die Kruste lassen.
7. Mit Tomatensoße und anderen Zutaten belegen; den Rand für die Kruste frei lassen. Pizza auf den heißen Stein, in die Pfanne oder auf das Backblech geben und 12–15 Min. backen.

ROSMARIN-KNOBLAUCH-FOCACCIA

Für 6–8 Portionen

S. 65

500 g Weizenmehl Type 812 für Brot
350 ml Wasser
3½ EL Olivenöl sowie Extraöl zum Einfetten und Beträufeln
2 EL Meersalzflocken sowie Extrasalz zum Bestreuen
2 knappe TL Trockenhefe
1¼ TL Zucker
4 Knoblauchzehen, in dünne Scheiben geschnitten
Nadeln von 4–5 Rosmarinzweigen

1. In einem Standmixer mit dem Knethaken Mehl, Wasser, Öl, Salz, Hefe und Zucker zusammengeben und bei mittlerer Geschwindigkeit gründlich vermengen. Geschwindigkeit hochstellen und kneten, bis sich der Teig von der Schüsselwand löst.
2. Knoblauch hinzugeben und bei niedriger Geschwindigkeit 1 Min. lang einarbeiten.
3. Eine Schüssel einfetten, den Teig hineingeben und mit Frischhaltefolie abdecken. 2 Std. gehen lassen, dabei die Teigränder alle 30 Min. zur Mitte hin falten.
4. Eine schwere, hohe Backform (33 x 23 cm) einfetten, mit Backpapier auslegen und mit Olivenöl besprenkeln.
5. Wenn der Teig sein Volumen verdoppelt hat, in die vorbereitete Form geben und behutsam auseinanderdrücken bis in die Ecken. Bleibt cool, falls er sich wieder zurückzieht – in der Ruhephase dehnt er sich nach und nach aus und füllt dann die gesamte Form aus. Mit Frischhaltefolie abdecken und für etwa 45–60 Min. beiseite stellen, bis er nochmals sein Volumen verdoppelt hat.
6. Den Ofen auf 200 °C Ober-/Unterhitze (Umluft: 180 °C) vorheizen.
7. Mit dem Finger den Teig an vielen Stellen fest eindrücken und Vertiefungen machen. In jede Vertiefung etwas Rosmarin geben, mit Olivenöl beträufeln und mit Meersalz bestreuen.
8. In 18–20 Min. goldbraun backen.
9. In der Form vollständig erkalten lassen, dann servieren.

BROT

MILCHBRÖTCHEN

S. 102

Für 12 Burgerbrötchen oder 24 Mini-Burgerbrötchen

240 ml Vollmilch, lauwarm

2 TL Trockenhefe

1 EL Zucker

3 große Eier, 2 miteinander verquirlt, 1 gesondert mit 1 TL Wasser verquirlt zum Bestreichen

500 g Weizenmehl Type 812 für Brot

1½ TL feines Meersalz

85 g ungesalzene weiche Butter sowie Extrabutter zum Einfetten

1. Milch, Hefe und Zucker in einer großen Schüssel gründlich verrühren. 5–10 Min. gehen lassen, bis der Teig leicht schaumig ist. Die beiden verquirlten Eier hinzugeben und gründlich verrühren.
2. Mehl und Salz hinzugeben und gründlich vermengen, dann aus der Schüssel nehmen und zu einem klebrigen, aber weichen Teig verkneten.
3. Die weiche Butter etwa 10–15 Min. in den Teig kneten, bis er weich ist und eine Kugel bildet. Er nimmt beim Kneten die gesamte Butter auf.
4. Eine Schüssel leicht einfetten, den Teig hineingeben und mit Frischhaltefolie abdecken; an einem warmen Ort etwa 1 Std. gehen lassen, bis er sein Volumen verdoppelt hat.
5. Den Teig abschlagen und in Kugeln zu 40 g (Mini-Burgerbrötchen) oder 80 g (Burgerbrötchen) aufteilen. Jede Kugel zu einer Scheibe flach drücken, dann die Seiten zur Mitte legen, rollen und so endgültig zum Brötchen formen.
6. Den Ofen auf 200 °C Ober-/Unterhitze (Umluft: 180 °C) vorheizen. Ein Backblech mit Backpapier auslegen.
7. Die Teigkugeln mit ungefähr 3 cm Abstand zueinander auf das vorbereitete Blech setzen. Mit Frischhaltefolie abdecken und nochmals etwa 30–45 Min. beiseite stellen, bis sich das Volumen verdoppelt hat.
8. Wenn die Brötchen ihre Größe verdoppelt haben, vorsichtig mit dem Wasser-Ei-Gemisch bepinseln.

9. Die Brötchen in 12–15 Min. goldbraun backen. Aus dem Ofen nehmen und zum Abkühlen auf ein Kuchengitter legen.
10. Nicht sofort verbrauchte Brötchen halten sich in einem luftdichten Behälter bis zu 4 Tage gut.

EINGELEGTES GEMÜSE

EINGELEGTE JALAPEÑOS

Für ein 500-ml-Gefäß

250 ml Malzessig
150 ml Wasser
4 EL Zucker
1 EL feines Meersalz
2 dicke Knoblauchzehen, in Scheiben geschnitten
225 g Jalapeños, in Scheiben geschnitten

1. Essig, Wasser, Zucker, Salz und Knoblauch in einen Topf geben und zum Kochen bringen; dabei umrühren, bis sich der Zucker aufgelöst hat.
2. Jalapeñoscheiben hinzugeben und weitere 2 Min. kochen. Vom Herd nehmen und abkühlen lassen, dann in ein sterilisiertes Glasgefäß geben.
3. Über Nacht abkühlen lassen. Im Kühlschrank einige Wochen lang haltbar.

SCHNELL EINGELEGTE ZWIEBELN

S. 180

Für ein 1-l-Gefäß

3 große rote Zwiebeln
300 ml Apfelessig
300 ml Wasser
Saft von 2 Limetten
4 EL feiner Zucker
1 EL Meersalzflocken
8 schwarze Pfefferkörner
1 TL gelbe Senfsamen

1. Die roten Zwiebeln schälen, halbieren und in dünne Scheiben schneiden; beiseite stellen.
2. Die übrigen Zutaten in einen Topf geben und zum Köcheln bringen, dabei umrühren, damit Zucker und Salz sich auflösen.
3. Die Zwiebeln dicht in ein 1-l-Gefäß schichten und mit der heißen Marinade übergießen; darauf achten, dass alle Zwiebeln komplett bedeckt sind. Abkühlen lassen, dann dicht verschließen und mindestens 2 Std. in den Kühlschrank stellen.
4. Am besten schmecken sie nach 1–2 Tagen, sie halten sich im Kühlschrank aber für einige Wochen.

EINGELEGTES GEMÜSE

GEWÜRZGURKEN

Für ein 500-ml-Gefäß

S.177

500 g Einlegegurken, beide Enden abgeschnitten

1½ EL feines Meersalz
½ weiße Zwiebel, in Scheiben geschnitten
200 ml Wasser
200 ml Apfelessig
150 g feiner Zucker
1 Prise gem. Kurkuma
½ TL Selleriesamen
1 gehäufter EL gelbe Senfkörner
8 schwarze Pfefferkörner

1. Mit einem Waffelschneider oder Gemüsehobel die Gurken in 4 mm dicke Scheiben schneiden.
2. Die Gurkenscheiben in eine Schüssel geben und vorsichtig mit Salz und Zwiebelscheiben vermengen. Dann in ein großes Sieb über einer Schüssel geben und mindestens 1 Stunde abtropfen lassen.
3. Das gesalzene Gemüse in eine große Schüssel geben und mehrmals mit frischem Wasser spülen, dann abtropfen lassen und in ein sterilisiertes Gefäß geben.
4. Die restlichen Zutaten in einen kleinen Topf geben und zum Köcheln bringen. Vom Herd nehmen, dann die heiße Marinade vorsichtig in das Gefäß füllen; Gurken und Zwiebeln müssen komplett mit Flüssigkeit bedeckt sein. Bei Zimmertemperatur vollständig abkühlen lassen, dann fest verschließen und über Nacht in den Kühlschrank stellen.
5. Diese Gewürzgurken sind einige Wochen haltbar.

DILLGURKEN

Für ein 500-ml-Gefäß

500 g Einlegegurken, beide Enden abgeschnitten

1½ EL feines Meersalz
4 Knoblauchzehen, grob zerkleinert
1 Handvoll frische Dillstängel
200 ml klarer Branntweinessig
200 ml Wasser
2–3 EL feiner Zucker
½ TL Selleriesamen
1 gehäufter EL gelbe Senfkörner
1 Lorbeerblatt

1. Mit einem Waffelschneider oder Gemüsehobel die Gurken in 4 mm dicke Scheiben schneiden.
2. Die Gurkenscheiben in eine Schüssel geben und vorsichtig mit dem Salz vermengen. Dann in ein großes Sieb über einer Schüssel geben und mindestens 1 Stunde abtropfen lassen.
3. Die gesalzenen Gurken in eine große Schüssel geben und mehrmals mit frischem Wasser spülen, dann abtropfen lassen und in ein sterilisiertes Gefäß geben.
4. Die restlichen Zutaten in einen kleinen Topf geben und zum Köcheln bringen. Vom Herd nehmen, dann die heiße Marinade vorsichtig in das Gefäß füllen; die Gurken müssen komplett mit Flüssigkeit bedeckt sein. Bei Zimmertemperatur vollständig abkühlen lassen, dann fest verschließen und über Nacht in den Kühlschrank stellen.
5. Diese Dillgurken sind einige Wochen haltbar.

SOSSEN

HACKFLEISCHSOSSE

Ergibt 1 kg

500 g Rinderhackfleisch

500 g Schweinehackfleisch

3 EL Olivenöl

1 große Zwiebel, sehr fein geschnitten

1 große Karotte, sehr fein gewürfelt

2 Stangen Staudensellerie, sehr fein gewürfelt

2 Prisen Salz

200 g Pancetta oder durchwachsener Speck, in sehr kleine Stücke geschnitten

3 Knoblauchzehen, klein geschnitten und zerdrückt

350 ml Rotwein

4 EL Tomatenmark

1 Dose (400 g) Tomaten (zerkleinert)

300 ml kräftige Rinderbrühe

1½ TL Demerara-Zucker (Turbinado)

1. Den Ofen auf 140 °C Ober-/Unterhitze (Umluft: 120 °C) vorheizen.
2. Rinder- und Schweinehackfleisch gründlich miteinander vermengen.
3. 2 EL Olivenöl in einer großen Bratpfanne auf mittlerer Hitze erwärmen. Kleine Portionen der Hackfleischmischung nehmen und wie Fleischbällchen anbraten, sodass sie von allen Seiten etwas Farbe bekommen. Damit die Pfanne nicht zu voll wird, das Ganze in zwei Durchgängen braten und das angebratene Hackfleisch in einer Schüssel beiseite stellen. Wenn das gesamte Fleisch gebräunt ist, wieder alles in die Pfanne geben. Die groben Stücke mit einem Holzlöffel zerkleinern und etwa 5 Min. lang durchgaren. Das gesamte Fleisch in eine Schüssel geben und beiseite stellen.
4. Den verbliebenen 1 EL Öl in die Pfanne geben, dann Zwiebel, Karotte und Sellerie mit einer Prise Salz hineingeben und etwa 20–30 Min. braten, bis sie weich und süß sind. Nun zum Fleisch in die Schüssel geben.
5. Eine große Pfanne mit Deckel auf mittlerer bis großer Hitze erwärmen. Pancetta hineingeben und anbraten, bis das Fett ausgelassen ist und die Pancetta langsam kross wird (etwa 5 Min.). Dann Knoblauch dazugeben und 30 Sek. anbraten, bis er duftet. Nun das Fleisch und das Gemüse dazugeben, den Knoblauch unterrühren, damit er nicht anbrennt. Wenn alles durcherhitzt ist, Wein hinzugießen und fast vollständig verdampfen lassen. Jetzt Tomatenmark einrühren und 2–3 Min. kochen, bis es nicht mehr so vorschmeckt. Tomaten, Rinderbrühe, Zucker und noch eine Prise Salz hinzugeben und zum Köcheln bringen.
6. Deckel auflegen und einen kleinen Spalt offenlassen. Nun das Ganze mindestens 4 Std. in den Ofen stellen, bis die Soße dick, sämig und vollmundig ist.

KNOBLAUCH-KRÄUTER-MAYONNAISE

S.177

Ergibt 300 g

300 g Mayonnaise

2 EL Schnittlauch, fein gehackt

1½ EL Estragon, fein gehackt

1 TL Zucker

½ TL schwarzer Pfeffer

½ Knoblauchzehe, klein geschnitten und mit etwas Salz zerdrückt

1 TL Zitronensaft

1. In einer Schüssel alle Zutaten sorgfältig vermengen, dann mit Frischhaltefolie abdecken und 30 Min. bei Zimmertemperatur stehen lassen. Erneut umrühren, dann verwenden.
2. Wird idealerweise frisch verzehrt, hält sich aber auch gut 2–3 Tage im Kühlschrank.

SOSSEN

KNOBLAUCH-TOMATENSOSSE

S.181

Ergibt 1 l

125 ml kaltes Olivenöl

6 dicke Knoblauchzehen, grüne Keime entfernen und in feine Scheiben schneiden

4 Dosen (à 400 g) hochwertige Pflaumentomaten

1½ TL Zucker

Salz nach Geschmack

1. Das kalte Öl und die Knoblauchscheiben in einen großen, schweren Topf geben und auf niedriger Hitze aufsetzen. Nach etwa 6–8 Min. sollte der Knoblauch ganz leicht brutzeln, glasig sein und am Topfboden haften; er sollte etwas dunkler, aber nicht braun geworden sein.
2. Tomaten, Zucker und eine gute Prise Salz hineingeben und 2 Std. köcheln lassen; wer mehr Zeit hat, auch länger, dabei gelegentlich umrühren und Wasser dazugeben, falls es trocken aussieht. Zum Schluss sollte die Soße jedoch schön eingekocht und dick sein und von einem appetitlichen Ölfilm überzogen.
3. Mit dem Pürierstab zu einer glatten Soße verarbeiten und in sterilisierte Gefäße umfüllen. Ungeöffnet ist sie bis zu 1 Jahr haltbar; nach dem Öffnen noch 3–4 Tage im Kühlschrank.

SOSSE FÜR BRATHÄHNCHEN-BURGER

Ergibt 200 g

100 g Tomatenketchup

100 g Mayonnaise

½–1 TL Chilipaste, nach Geschmack

1. Die Zutaten in einer Schüssel mischen.
2. Zu gebratenem Hähnchen essen.

MAYONNAISE

Ergibt 300 ml

2 große Eigelb (so frisch wie nur möglich)

1 EL englischer Senf

1 TL Weißweinessig

1 TL Zitronensaft

1 Prise Salz plus etwas mehr zum Abschmecken

200 ml neutrales Öl

3½ EL Olivenöl

1. Eigelbe, Senf, Essig, Zitronensaft und eine Prise Salz in dieser Reihenfolge in ein hohes, schmales und bruchsicheres Gefäß geben. Die Öle vorsichtig oben darauf geben und versuchen, die unteren Zutaten nicht aufzuwühlen.
2. Den Pürierstab bis ganz unten eintauchen und einschalten. Gut festhalten! Etwa 5 Sek. unten am Boden bleiben, dann allmählich bis nach oben gehen und dabei die Öle unterrühren. In diesem Stadium sieht es aus wie ein paar große Mayonnaiseblobs, die von wenig Öl umgeben sind. Achtung – nicht »übermixen«, sonst scheidet es sich wieder ab (und das wäre schade). Mixer abschalten.
3. Das Gemisch in eine Schüssel schöpfen und zum Abschluss mit einem Löffel gründlich umrühren. Falls die Mayonnaise zu fest wirkt, einen Spritzer Wasser oder Zitronensaft dazugeben.
4. Alternativ das Ganze in der Küchenmaschine zubereiten. Einfach alles (außer den Ölen) in die Schüssel geben und bei laufendem Motor langsam die Öle einträufeln (beginnend mit dem neutralen Öl), bis eine dicke, glatte Emulsion entstanden ist.
5. Abschmecken und falls nötig nachwürzen. Wird am besten sofort gegessen, kann aber gut bis zu eine Woche im Kühlschrank aufbewahrt werden.

NACHO-SOSSE MIT 4 ZUTATEN

Ergibt 500 ml

400 ml Kondensmilch

250 g Double Gloucester oder Cheddar, gerieben

1½ EL Maismehl

2 EL Chilisoße oder 30 g Jalapeños, klein geschnitten

1. Kondensmilch in einem Topf auf mittlerer Hitze aufsetzen.
2. Unterdessen Käse mit dem Maismehl vermengen, bis er gut umhüllt ist.
3. Käse in die heiße Milch geben und stetig umrühren, bis eine dicke Flüssigkeit entstanden ist, dann vom Herd nehmen und die Chilisoße oder die Jalapeños einrühren.
4. Sofort die Nachos damit übergießen.

BÉCHAMELSOSSE

Ergibt etwa 500 ml

600 ml Vollmilch

½ mittelgroße Zwiebel

4 Gewürznelken (optional)

6 Pfefferkörner

1 Lorbeerblatt, etwas zerknüllt, um die Öle freizusetzen

50 g ungesalzene Butter

40 g Mehl

Salz und Pfeffer aus der Mühle nach Geschmack

1. Die Milch in einen Topf gießen und Zwiebel (gegebenenfalls gespickt mit den Nelken), Pfefferkörner und Lorbeerblatt hinzugeben. Nur leicht zum Köcheln bringen, dann vom Herd nehmen, Deckel auflegen und etwa 1 Std. lang ziehen lassen. Die Milch durch ein feines Sieb in ein Gefäß abgießen und warmhalten.
2. Die Butter in einem Topf erwärmen, bis sie schäumt. Dann mit einem Holzlöffel das Mehl hineinrühren und beides zu einer Paste oder Mehlschwitze verarbeiten. Etwa 30 Sek. lang kochen, bis sie nach Keks riecht.
3. Einen großzügigen Spritzer der aromatisierten Milch hinzugeben und verquirlen, bis die Masse sehr weich ist. Weiterhin Milch hinzugeben, immer einen beherzten Schuss, und zuvor jeweils alle Klümpchen wegrühren.
4. Wenn die gesamte Milch eingearbeitet ist, mit Salz und Pfeffer nach Belieben abschmecken. Bei niedriger Hitze etwa 10 Min. lang weiterkochen und dabei oft umrühren.
5. Und jetzt ist eure Fantasie gefragt. Fühlt euch frei, Käse, Kräuter, Muskat oder was auch immer hinzuzugeben.

TWISTED-SPEZIALKETCHUP

Ergibt 1 ¼ l

3 Dosen (à 400 g) Pflaumentomaten

250 g Äpfel, geschält, ohne Kernhaus und klein geschnitten

1 große Fenchelknolle (ca. 250 g), grob zerkleinert

250 g Zwiebeln, grob zerkleinert

1 EL Rauchpaprikapulver, scharf

1 EL schwarzer Pfeffer aus der Mühle

1 EL Meersalzflocken

225 ml Malzessig

250 g Kristallzucker

1. Alle Zutaten in einen Edelstahl-Suppentopf geben und zum Köcheln bringen. Hitze herunterstellen und etwa 2 Std. kochen; dabei falls nötig ab und zu ein wenig Wasser dazugeben.
2. Abkühlen lassen, im Mixer oder mit einem Pürierstab zu einer glatten Masse pürieren. Durch ein Sieb geben und in sterilisierte Gläser oder Flaschen füllen.
3. Hält sich im Kühlschrank für 2–3 Wochen.

SOSSEN

CHILISOSSE TROPICAL

Ergibt 500 ml

6 dicke Knoblauchzehen, ungeschält

150 g weiße Zwiebeln, grob zerkleinert

200 g Ananas, grob zerkleinert

10–12 Scotch-Bonnet-Chilischoten, ohne Kern (und ein paar mit Kernen, für die Mutigen)

300 ml klarer Branntweinessig (Apfelessig oder Reisweinessig sind auch gut)

200 ml Wasser

1 Prise Salz

2 Passionsfrüchte

100 g Mango

1. Knoblauchzehen in einer trockenen Pfanne rösten, bis die Haut stellenweise ein bisschen geschwärzt ist. Aufpassen, dass das Knoblauchfleisch nicht anbrennt, das würde den Geschmack der scharfen Soße ruinieren. Abkühlen lassen, dann abpellen und beiseite stellen.
2. Zwiebel, Ananas und die Hälfte der Chilischoten in einen kleinen Topf geben. 3 ½ EL Essig beiseite stellen und den Rest mit dem Wasser und einer sehr guten Prise Salz in den Topf geben. Zum Kochen bringen und bei mittelgroßer Hitze 10 Min. lang kochen. Die Flüssigkeit sollte etwa um die Hälfte eingekocht sein. Vom Herd nehmen und vollständig erkalten lassen.
3. Die Passionsfrüchte halbieren, Kerne und Fruchtfleisch mit dem Löffel herausnehmen und durch ein Sieb drücken. Fruchtfleisch mit der Mango, dem abgekühlten Chili-Ananas-Gemisch (mit der eingekochten Flüssigkeit), den restlichen Chilis, den geschälten Knoblauchzehen und dem aufbewahrten Essig in einen Mixer geben. Alles zu einem sehr glatten Püree verarbeiten – die Konsistenz sollte wie bei einem dünnen Smoothie sein. Abschmecken und falls nötig nachwürzen, vielleicht fehlt noch etwas Essig oder Salz. Es sollte sehr tropisch schmecken, scharf, belebend und vollaromatisch.
4. In eine sterilisierte Flasche füllen; hält sich bis zu 3 Monate im Kühlschrank.

ZWEIERLEI CREMIGES RANCH-DRESSING

Ergibt etwa 400 g

Rustikales Ranch-Dressing:

100 g Joghurt griechische Art

300 g Mayonnaise

½ TL Knoblauchpulver

½ TL schwarzer Pfeffer

1 EL Zitronensaft

1 EL italienische Gewürze (Kräutermischung italienische Art)

¼ TL Cayennepfeffer

Salz nach Geschmack

Feines Ranch-Dressing:

200 g Sour Cream

200 g Mayonnaise

1 Knoblauchzehe, klein geschnitten und zerdrückt

½ TL schwarzer Pfeffer

1 ½ TL Weißweinessig

1 EL frischer Dill, sehr fein gehackt

1 EL Blattpetersilie, sehr fein gehackt

1 EL Estragon, sehr fein gehackt

1 EL Schnittlauch, sehr fein gehackt

Salz nach Geschmack

1. Für beide Rezepte einfach alles zusammenrühren und abschmecken, fertig.
2. Am besten schmecken sie frisch, halten sich aber gut 2–3 Tage im Kühlschrank.

SONSTIGE BASICS

KNOBLAUCH-PETERSILIEN-BUTTER

Ergibt 125 g

125 g ungesalzene, weiche Butter

2 dicke Knoblauchzehen, sehr klein geschnitten oder gerieben

3 EL Blattpetersilie, sehr fein gehackt

½ TL feines Meersalz

1. Butter, Knoblauch, Petersilie, und Salz in eine Schüssel geben und mit einem elektrischen Quirl oder einem Holzlöffel gründlich vermischen und aufschlagen.
2. Die Mischung auf ein quadratisches Stück Backpapier oder Frischhaltefolie geben und die Butter darin zu einem wurstförmigen Stück aufrollen. Die Enden durch Zudrehen verschließen.
3. Bis zu 3 Tage im Kühlschrank aufbewahren; in der Gefriertruhe bis zu 1 Monat.

BARBECUE-GEWÜRZMISCHUNG ZUM EINREIBEN VON FLEISCH

Ergibt 275 g

1½ TL schwarze Pfefferkörner

1 TL Koriandersamen

1 TL Kreuzkümmel

1 EL Fenchelsamen

150 g Rohrzucker

100 g feines Meersalz

½ TL Knoblauchpulver

1 TL Senfpulver

1½ TL Cayennepfeffer

1 gehäufter EL Rauchpaprikapulver

1 TL getr. Oregano

1. Pfefferkörner, Koriander, Kreuzkümmel und Fenchelsamen in einer schweren, trockenen Pfanne rösten, bis sie herrlich duften – ein fast weihrauchartiges Aroma sollte es sein und der Kreuzkümmel soll knistern.
2. Die gerösteten Gewürze im Mörser (oder in der Gewürzmühle) zu einem groben Pulver verarbeiten. In eine Schüssel mit den restlichen Zutaten geben, gründlich mischen.
3. In einem luftdichten Gefäß für 2–3 Monate gut haltbar.

FALSCHE BUTTERMILCH-MARINADE

Ergibt 1 l

50 g feines Meersalz

3 EL feiner Zucker

1 TL schwarze Pfefferkörner

1 frisches Lorbeerblatt

1 TL Fenchelsamen

100 ml Wasser

6 EL Zitronensaft

900 ml Vollmilch

½ mittelgroße Zwiebel, in Scheiben geschnitten

1. Salz, Zucker, Pfefferkörner, Lorbeerblatt und Fenchelsamen mit dem Wasser in einen kleinen Topf geben und zum Köcheln bringen. Vom Herd nehmen und vollständig abkühlen lassen, dann kurz im Kühlschrank richtig kalt werden lassen.
2. Das kalte Gemisch mit den verbliebenen Zutaten vermengen und 30 Min. bei Zimmertemperatur stehen lassen.
3. Sofort verwenden oder in einem luftdichten Behälter bis zu 1 Woche im Kühlschrank aufbewahren.

Für jede

n Anlass

Fleischfreier Montag

Super-Vegetarier

Ja, die Europäer beschäftigich seit einer ganzen Weile mit dem Kochen auf pflanzlicher Basis, doch um die spirituelle Heimat der rein pflanzlichen Ernährung zu entdecken, muss man nach Asien schauen. Obwohl es Hunderte von Traditionen mit einer klaren Vorliebe für Blattkost gibt, gelten die indischen Jaina-Mönche als Könige des Vegetarismus. Um keine Kreaturen zu verletzen, greifen sie schon mal auf recht schrullige Mittel zurück: Damit sie keine Insekten zerquetschen, fegen sie sie mit Besen von ihrem Weg und beweisen damit, dass (für einen Super-Vegetarier) alle Tiere dieselbe Bedeutung besitzen.

WÜRZIGE BLUMENKOHL-PAKORA-BURGER

Haweli ist ein indisches Restaurant auf der Hagley Road im englischen Birmingham. Der Besitzer ist Genforscher – und hilft oft hinter der Bar aus. Sie machen unter anderem hervorragende Pakoras. Dies ist nun unsere Version! Wenn man das Gemüse erst im Mehl wendet und (wie für japanisches Tempura) kaltes Sprudelwasser nimmt, bleiben sie knusprig und leicht..

FÜR 6 PORTIONEN

250 g Blumenkohl, in Röschen geteilt und in dünne Scheiben geschnitten

2 große rote Zwiebeln, von der Wurzel zur Spitze in dünne Scheiben geschnitten

1 große Handvoll frisches Koriandergrün, grob zerkleinert

1 kleine Handvoll frische Curryblätter

2 grüne Chilischoten, fein geschnitten

350 g Kichererbsenmehl

1 TL Backpulver

1½ EL Meersalzflocken

1½ EL Koriandersamen, etwas angedrückt, aber zumeist ganz gelassen

1½ EL ganze Kreuzkümmelsamen

1½ EL gem. Kreuzkümmel

2 TL Kashmiri-Chilipulver (mild)

1 TL Garam Masala

½ TL gem. Ajowansamen (ind. Kümmel)

½ TL gem. Kurkuma

etwa 350 ml kaltes Sprudelwasser

neutrales Öl zum Frittieren

Zum Servieren:

Kartoffelbrötchen (S. 18)

fein geschnittener Salat

Tomatenscheiben

Gurkenscheiben

Raita mit geröstetem Kreuzkümmel (S. 114)

Mango-Chutney

1. Blumenkohlscheiben in eine große, hitzebeständige Schüssel geben und mit kochendem Wasser ganz bedecken. Ungefähr 10 Min. ziehen lassen, dann gut abtropfen lassen und die Scheiben mit Küchenpapier gründlich trocken tupfen.
2. Zwiebeln, angegarten Blumenkohl, Koriandergrün, Curryblätter und Chili in eine große, breite Schüssel geben.
3. In einer kleineren Extraschüssel Kichererbsenmehl, Backpulver, Salz und alle Gewürze vermengen. Das Gemisch zum Gemüse geben und alles im gewürzten Mehl ausgiebig wenden, bis das Gemüse gleichmäßig umhüllt ist.
4. Nach und nach das Sprudelwasser hinzugeben und mischen, bis alle Mehlblasen weg sind und der Ausbackteig alles gleichmäßig umhüllt. Er sollte etwas dünnflüssig sein, also eventuell mehr Wasser hinzugeben.
5. In einem hohen, schweren Topf eine ausreichende Menge Öl zum Frittieren auf 175 °C erhitzen. Eine Handvoll Gemüse im Ausbackteig sorgsam ins Öl gleiten lassen, dabei das Ganze leicht zwischen den Fingern reiben, damit ein großer Oberflächenbereich entsteht. Das Gebilde unter gelegentlichem Wenden 6–8 Min. frittieren, bis es goldbraun und knusprig ist. Mit einem Schöpflöffel herausnehmen, kurz auf Küchenpapier abtropfen lassen und dann auf ein Kuchengitter legen. Mit dem restlichen Gemüse-Teig-Gemisch wiederholen und so 6 Pakoras herstellen. Sie sollten groß und knorrig sein und die Brötchen, für die sie bestimmt sind, winzig wirken lassen.
6. Aus Kartoffelbrötchen, Pakoras und den übrigen Zutaten zum Garnieren Burger bauen und vernichten!

LASAGNE: ROTE PAPRIKA VS. SPINAT UND RICOTTA

Vegetarische Lasagne ist schneller zubereitet als die Versionen mit Fleisch – und sie ist genauso lecker. Uns hatte es die Aussicht auf die beiden Füllungen angetan, sodass wir beschlossen, sie gegeneinander antreten zu lassen. Es war köstlich! Eine Füllung leicht und süß, die andere saftig, erdig und gehaltvoll.

FÜR 6 PORTIONEN

Butter zum Einfetten

6–8 frische Lasagneplatten

2 frische Mozzarellakugeln à 125 g

30 g geriebener Parmesan zum Bestreuen

Füllung mit süßer, roter Paprika:

4 EL plus 1 TL Olivenöl

2 mittelgroße Zwiebeln, in dünne Scheiben geschnitten

Salz

1 rote Chilischote ohne Kerne, in feine Streifen geschnitten

3–4 süße rote Paprikaschoten, in feine Streifen geschnitten

3 Knoblauchzehen, in Scheiben geschnitten

1 kg frische Tomaten, geschält, ohne Kerne und grob zerkleinert

1 Handvoll frisches Basilikum, gezupft

Weiße Soße:

70 g ungesalzene Butter

70 g Mehl

1 l Vollmilch

Salz und schwarzer Pfeffer aus der Mühle nach Geschmack

½ TL frische Muskatnuss, fein gerieben

Spinat-Ricotta-Füllung:

600 g Spinat

350 g Ricottakäse

100 g ger. Parmesan

½ TL frische Muskatnuss, fein gerieben

50 g Pinienkerne, geröstet

Salz und schwarzer Pfeffer aus der Mühle nach Geschmack

1. Zuerst die Paprikafüllung zubereiten. 4 EL Olivenöl in einer großen Pfanne auf mittlerer Hitze erwärmen, Zwiebeln mit einer Prise Salz hineingeben und etwa 10 Min. garen, dabei oft umrühren, bis sie weich und süß sind. Chili und Paprika sowie eine weitere Prise Salz einrühren und 25 Min. garen bzw. bis die Paprikaschoten zerfallen sind, dabei den Deckel halb auflegen.
2. In der Pfanne das Paprikagemisch auf die Seite schieben und den Knoblauch mit dem restlichen Olivenöl in die Pfanne geben. Anbraten, bis der Knoblauch Farbe bekommt, dann Tomaten dazugeben und mit einer Prise Salz würzen. Alles gründlich durchrühren, den Deckel halb auflegen und ungefähr 20 Min. weitergaren. Basilikum unterrühren und vom Herd nehmen.
3. Als Nächstes kommt die weiße Soße. Die Butter in einem beschichteten Topf auf mittlerer Hitze erwärmen, bis sie schäumt, dann das Mehl dazugeben. Verrühren und 1–2 Min. kochen bzw. bis es nach Keks riecht. Nach und nach die Milch dazugießen, dabei stets die Klümpchen wegquirlen. Wenn die gesamte Milch eingearbeitet ist, gut mit Salz und schwarzem Pfeffer abschmecken. Zum Köcheln bringen, dann die Hitze reduzieren und etwa 10 Min. unter häufigem Umrühren kochen, bis die Soße dick geworden ist. Muskatnuss hineinreiben, dann Deckel auflegen und beiseite stellen.
4. Für die Spinat-Ricotta-Füllung den Spinat in einen Topf geben und garen, bis er zusammengefallen ist. Abkühlen lassen, dann das überschüssige Wasser ausdrücken und den Spinat in einen Mixer geben. Mit der Intervallfunktion ein bisschen zerkleinern (kann man auch per Hand machen), dann die übrigen Zutaten hinzugeben und abschmecken. Mit der Intervalltaste zu einer eher glatten Masse verarbeiten und zu dieser etwa 150 ml der weißen Soße hinzugeben, damit sie ein wenig dünnflüssiger wird. Beiseite stellen.
5. Den Ofen auf 190 °C Ober-/Unterhitze (Umluft: 170 °C) vorheizen.
6. Eine 23 x 30 cm große Lasagneform mit Butter einfetten, dann eine dünne Lage weiße Soße hineinschöpfen. Die Form mit einer Lage Nudelplatten auslegen, nun die Hälfte der Paprikasoße mit einigen weiteren TL weißer Soße daraufgeben. Ein Drittel des Mozzarellas darüber zerkrümeln. Wieder Nudelplatten auflegen, dann die Hälfte der Spinat-Ricotta-Soße aufschöpfen. Wiederholen. Nach der zweiten Spinat-Ricotta-Schicht eine letzte Lage Nudelplatten auflegen. Die restliche weiße Soße darübergeben und mit Parmesan sowie dem restlichen Mozzarella bedecken.
7. Das Gericht mit Alufolie abdecken und 30 Min. im Ofen backen, dann die Folie entfernen und noch mal 15 Min. weiterbacken, bis die Lasagne oben schön braun ist. Herausnehmen, 15 Min. ruhen lassen, und servieren. Guten Appetit!

CHEESESTEAK-SANDWICH MIT PILZEN

S. 35

Das Cheesesteak ist eigentlich eine Sandwichspezialität mit Steakstreifen, die wir hier aber durch Pilze ersetzen. Pilze sind rätselhaft: Sie sind weder Tier noch Pflanze, bewirken allerhand seltsame Dinge, und ihre Sporen wären technisch in der Lage, das Vakuum im Weltraum zu überleben. Das könnte möglicherweise bedeuten, dass sie auf Sonnenwinden aus anderen Welten herübergeschwebt sind, aber in diesem Punkt möchten wir nicht zitiert werden. Ob sie nun Aliens sind oder nicht, sie sind lecker und in Gestalt dieser Cheesesteak-Sandwiches frei von Schuldgefühlen eine hervorragende Fleischalternative.

FÜR 4 PORTIONEN

20 g getr. Steinpilze

250 ml heißes Wasser

2 EL Pflanzenöl, falls benötigt auch mehr

1 mittelgroße Zwiebel, in feine Scheiben geschnitten

1 grüne Paprikaschote, in feine Streifen geschnitten

300 g Austernpilze, in sehr feine Scheiben geschnitten

300 g Shiitakepilze, in sehr feine Scheiben geschnitten

300 g Portobellopilze, in sehr feine Scheiben geschnitten

1 TL Knoblauchpulver

50 g ungesalzene Butter

1½ EL Sojasoße

1 Spritzer Sherry oder Shaoxing-Reiswein

Salz und schwarzer Pfeffer aus der Mühle nach Geschmack

4 Brötchen, getoastet und mit Butter bestrichen zum Servieren

Käsesoße:

300 g geriebener Provolone oder Emmentaler

1 TL Maismehl (Maisstärke)

200 ml Kondensmilch

1 TL Chilisoße

1. Die Steinpilze 30 Min. im heißen Wasser einweichen, dann die Pilze mit der Hand ausdrücken und die Einweichflüssigkeit in eine Tasse seihen. Flüssigkeit beiseite stellen und die gewässerten Steinpilze klein schneiden.
2. In einer großen, schweren Sautierpfanne 1 EL des Öls auf niedriger bis mittlerer Hitze erwärmen, Zwiebeln und Paprika hineingeben und etwa 20 Min. braten, bis sie sehr weich und golden sind. Die klein geschnittenen Steinpilze hinzugeben und weitere 5 Min. braten. Aus der Pfanne nehmen und in einer großen Schüssel beiseite stellen.
3. Die Pfanne wieder auf den Herd stellen, sehr stark erhitzen und den verbliebenen 1 EL Öl hineingeben. Die verschiedenen Pilzsorten getrennt halten und jede für sich in der Pfanne portionsweise scharf anbraten; falls nötig, mehr Öl verwenden. Pilze etwas kross werden lassen, dann etwas verrühren und ihre Flüssigkeit teilweise verkochen lassen. Nicht übertreiben – sie sollen gar sein, aber noch saftig. Wenn alles gut aussieht, Knoblauchpulver unterrühren und kurz weiterbraten, dann aus der Pfanne in die Schüssel mit Zwiebeln und Paprika geben.
4. Das Einweichwasser von den Steinpilzen in die Pfanne geben und auf großer Hitze auf die Hälfte einkochen. Butter, Sojasoße und Sherry oder Reiswein hineingeben. Pilze, Paprika und Zwiebeln zum Erwärmen einrühren, dann vom Herd nehmen und nach Belieben abschmecken.
5. Für die Käsesoße den Käse mit dem Maismehl mischen und mit der Kondensmilch in einen Topf geben. Bei sehr mäßiger Hitze rühren, bis der Käse geschmolzen ist und die Soße leicht blubbert. Die Chilisoße einrühren und vom Herd nehmen.
6. Die heiße Pilzmischung mit Käsesoße in getoasteten Butterbrötchen servieren, dazu extra Chilisoße reichen, falls ihr das mögt.

PARMIGIANA MIT GEGRILLTER AUBERGINE

S. 39

Sizilien ist eine bezaubernde Insel mit einer intensiven Geschichte. In der Esskultur spiegeln sich Jahrtausende der Kolonisation: Griechen, Normannen und Mauren, sie alle sind hier durchgekommen. Die Mauren brachten die Aubergine auf die Insel und in den übrigen Mittelmeerraum. Unsere Version dieses uralten Rezepts führt jedoch noch ein weiteres Element ein – den süßen Rauch von amerikanischem Barbecue.

FÜR 4 PORTIONEN

5 EL Olivenöl

1 große Zwiebel, klein geschnitten

3 Knoblauchzehen, sehr klein geschnitten und fein zerdrückt

2 rote Chilischoten, in feine Streifen geschnitten

3 Dosen (à 400 g) Pflaumentomaten (die besten, die ihr euch leisten könnt), zerkleinert und zerdrückt

250 ml Barbecuesoße

Salz und schwarzer Pfeffer aus der Mühle nach Geschmack

4 Auberginen, geputzt und der Länge nach in 5 mm dicke Scheiben geschnitten

2 EL Barbecue-Gewürzmischung (S. 27)

2 frische Mozzarellakugeln à 100 g, abgetropft und in Stückchen zerkrümelt

50 g fein geriebener Parmesan

1. In einer Pfanne mit Deckel 2 EL des Olivenöls auf mäßiger Hitze erwärmen, dann die Zwiebel hineingeben und anbraten, bis sie weich ist (etwa 10 Min.). Knoblauch und Chili hinzugeben und 1 Min. anbraten, bis der Knoblauch Aroma entwickelt, dann Tomaten und Barbecuesoße hinzugeben, alles umrühren, Deckel auflegen und etwa 1 Std. bei niedriger Hitze unter häufigem Umrühren kochen, bis die Soße dick geworden ist. Mit Salz und Pfeffer nach Wunsch abschmecken.
2. Den Ofen auf 180 °C Ober-/Unterhitze (Umluft: 160 °C) vorheizen.
3. In der Zwischenzeit die Auberginenscheiben von beiden Seiten mit dem restlichen Olivenöl einpinseln. Eine Grillpfanne auf großer Hitze erwärmen und die Scheiben in mehreren Partien grillen, bis sie weich sind und ein paar hübsche geschwärzte und karamellisierte Stellen haben. Von beiden Seiten mit der Gewürzmischung bestreuen.
4. Nun kommt das Schichten: In eine tiefe, feuerfeste Auflaufform eine Schicht Tomatensoße geben, dann eine Lage gewürzte Auberginenscheiben und Mozzarella darauflegen und mit etwas Parmesan bestreuen. So oft wiederholen, wie es Form und Zutaten ermöglichen. Mit Tomatensoße abschließen, eine gute Menge Mozzarella und Parmesan darüberstreuen, denn diese beiden werden erst zu einer herrlichen Masse schmelzen und dann eine goldbraune Kruste bilden.
5. Nun 30–40 Min. backen, bis die Kruste lecker aussieht und beim Einstechen mit dem Messer ins Gemüse keinerlei Widerstand zu spüren ist.

NUDELSALAT MIT GREEN-GODDESS-DRESSING

Supercremige Avocado, gehaltvolles Tahini – dieses Essen fühlt sich so richtig schön nach Sünde an, dabei steckt dieser Nudelsalat voller Kräuter und anderer guter Sachen und ist dabei ziemlich köstlich. Das Rezept ergibt genug Dukkah-Gewürz, in einem luftdichten Behälter hält es sich ein paar Monate.

FÜR 6 PORTIONEN

500 g trockene Farfalle oder andere kurze Nudeln

Salz

1 EL Olivenöl

350 g Mini-Pflaumentomaten oder Kirschtomaten, halbiert

½ Gurke, in feine Scheiben geschnitten

1 rote Zwiebel, in feine Scheiben geschnitten

115 g junger Spinat

Dukkah:

50 g Haselnüsse, grob zerkleinert

2 EL Sesam

1 EL Kreuzkümmel

1 EL Fenchelsamen

1 EL Koriandersamen

3 EL Kürbiskerne

¼ TL Meersalzflocken

Dressing:

2 mittelgroße reife Avocados (zusammen etwa 200 g)

4 EL griechischer Joghurt

2 EL Estragon, fein gehackt

40 g frisches Koriandergrün

1½ EL Tahini

120 ml Olivenöl

1 Knoblauchzehe

1 TL Honig

Saft von 1 Zitrone

Salz und schwarzer Pfeffer aus der Mühle nach Geschmack

1. Den Ofen auf 180 °C Ober-/Unterhitze (Umluft: 160 °C) vorheizen.
2. Die Pasta in einem Topf mit kochendem Salzwasser entsprechend der Packungsanleitung zubereiten. Abgießen, dann mit dem Olivenöl vermengen und abkühlen lassen, dabei gelegentlich durchmischen, damit die Nudeln nicht aneinanderkleben.
3. Alle Dukkah-Zutaten außer Kürbiskerne und Salz auf ein (flaches) Backblech geben und im Ofen in 8–10 Min. goldbraun rösten (nicht länger). Im Mörser leicht zerkrümeln oder in der Gewürzmühle durch mehrmaliges, kurzes Betätigen der Intervalltaste etwas zerkleinern. Dann Kürbiskerne und Salz unterrühren.
4. Alle Dressingzutaten außer Salz und Pfeffer in einen Mixer geben und zu einer glatten Masse verarbeiten. Mit Salz und Pfeffer nach Belieben abschmecken.
5. In einer großen Schüssel die abgekühlten Nudeln mit Tomaten, Gurken, Zwiebeln und Spinat vermengen. Dressing hinzugeben und gut vermischen, bis alle Bestandteile gleichmäßig umhüllt sind.
6. Mit etwas Dukkah bestreut servieren.

CREMIGE ERDNUSSBUTTER-NUDELN

Diese Zutaten sind einen Besuch im Asia-Supermarkt wert. Immer. Chingkiang-Essig hat eine wundervolle, Sherry-artige, malzige Rauchigkeit, die sich nur schwer imitieren lässt (Rotwein und Balsamicoessig gemischt schaffen es jedoch relativ gut). Szechuan-Pfefferkörner verleihen dem Chiliöl eine aromatische wie betäubende Eigenschaft, die köstlich ist. Servieren könnt ihr dieses Gericht entweder in einer riesigen Schale mitten auf dem Tisch oder aber ihr füllt Dressing, Chiliöl, Nudeln und Garnitur extra auf einzelne Servierteller und fordert eure Gäste auf, sich ihre Nudelbowls selbst zusammenzustellen. PS: Kalt schmecken sie auch sehr gut, und das Dressing ist hundertprozentig vegan.

FÜR 4 PORTIONEN

300 g trockene Eiernudeln oder andere Nudeln

2 TL Sesamöl

Chiliöl:

2 ½ cm frischer Ingwer, sehr klein geschnitten

4 Knoblauchzehen, fein gehackt

4 EL Gochugaru oder andere milde Chiliflocken

200 ml neutrales Öl

3–4 TL Szechuan-Pfefferkörner

ganze Gewürze nach Geschmack, z. B. eine Zimtstange, Fenchelsamen, Sternanis oder Koriandersamen (optional)

Erdnussbutter-Dressing:

3 EL ungesüßtes, glattes Erdnussmus

1 ½ EL chinesische Sesampaste oder Tahini

3 ½ EL helle Sojasoße

2 EL Chinkiang-Essig (chinesischer Essig aus schwarzem Reis)

2 TL Ahornsirup

4 EL heiße Gemüsebrühe oder heißes Wasser

Zum Servieren:

Frühlingszwiebelgrün, in feine Ringe geschnitten

Sesam, geröstet

Gurkenscheiben

Erdnüsse, zerkleinert und geröstet

weich gekochte Eier oder Spiegeleier

1. Als Erstes wird das Chiliöl zubereitet. Ingwer, Knoblauch und Chiliflocken in eine robuste, feuerfeste Schale geben und beiseite stellen.
2. Öl, Szechuan-Pfefferkörner und die anderen ganzen Gewürze (falls verwendet) in einen kleinen Topf geben und bei niedriger Hitze aufsetzen. 15–20 Min. köcheln lassen, bis die Aromen frei werden. Aufpassen, dass die Gewürze nicht anbrennen. Öl abgießen und die Gewürze entsorgen, dann das Öl wieder auf mittel bis heiß erwärmen. Sobald es heiß ist, sofort über Knoblauch, Ingwer und Chiliflocken gießen. Verrühren, bis nichts mehr zischt, dann zum Abkühlen beiseite stellen.
3. Für das Dressing Erdnussmus, Sesampaste, Sojasoße, Essig, Ahornsirup und heiße Brühe oder Wasser miteinander verquirlen. Die Masse sollte glatt, dickflüssig und sehr geschmacksintensiv sein. Das Dressing in eine große Servierschale geben und zwei Drittel des Chiliöls mit den leckeren Stückchen daraufgeben. Ein gleichmäßiger Film aus rotem Öl sollte das Dressing bedecken.
4. Die Nudeln nach Packungsanweisung kochen, dann abgießen; im Wasserkocher Wasser erhitzen und die Nudeln übergießen (so wird überschüssige Stärke ausgewaschen und sie bleiben heiß. Wenn die Nudeln kalt serviert werden sollen, unter kaltem, fließendem Wasser abspülen).
5. Die Nudeln mit dem Sesamöl vermischen, dann ins mit Öl übergossene Dressing kippen. Mit dem Frühlingszwiebelgrün, geröstetem Sesam oder anderen Toppings eurer Wahl bedecken. Gründlich durchmischen und servieren; das restliche Chiliöl gesondert dazu reichen.

VEGANE PILZ-CARBONARA

Manchmal kann es schwierig sein, ausgemachte Fleischliebhaber davon zu überzeugen, dass vegane Gerichte genauso viel Geschmack haben können wie ihre fleischhaltigen Verwandten. Dieses Carbonara-Rezept ist ein starkes Argument: Die cremigen Cashews gemischt mit Miso sind einer Parmesansoße unheimlich ähnlich, und die Pilze sorgen für das fleischähnliche herzhafte Element, das in der originalen römischen Version die Guanciale beisteuert.

FÜR 4 PORTIONEN

110 g rohe Cashewkerne, mindestens 3 Stunden in zimmerwarmem Wasser eingeweicht, dann abgegossen

2 EL Olivenöl

200 g frische Shiitakepilze, in dünne Scheiben geschnitten

350 g trockene Linguine

Salz

1 EL braune Misopaste

1 TL Zitronensaft

100 ml Hafermilch oder andere pflanzliche Milchalternative

schwarzer Pfeffer aus der Mühle nach Geschmack

1. Den Ofen auf 180 °C Ober-/Unterhitze (Umluft: 160 °C) vorheizen.
2. Die eingeweichten Cashewkerne in einen Topf mit frischem kalten Wasser geben und zum Kochen bringen. Hitze herunterstellen und 10 Min. köcheln lassen, dann Herd ausstellen und weitere 10 Min. stehenlassen, schließlich abgießen und beiseitestellen.
3. Olivenöl in einer großen, schweren Pfanne auf mittlerer Hitze erwärmen und die Pilze braten, bis sie die meiste Feuchtigkeit verloren haben und anfangen, kross zu werden. Die Pfanne vom Herd nehmen.
4. Linguine in einem großen Topf mit kochendem Salzwasser nach Packungsanweisung zubereiten. Abgießen und etwa 150 ml Kochwasser aufbewahren.
5. Unterdessen die abgetropften Cashewkerne mit Miso, Zitronensaft, Hafermilch und viel schwarzem Pfeffer in einen Hochleistungsmixer geben. Zu einer glatten Paste verarbeiten.
6. Diese Paste mit den Nudeln und den Pilzen vermengen, dabei Spritzer des aufbewahrten stärkehaltigen Nudelwassers dazugeben, damit die Soße cremig wird (wahrscheinlich wird nicht das gesamte Wasser für eine gute Konsistenz benötigt).

Virgin Mojito mit Grüntee

S. 39

Tee kann in Cocktails schnell geschmacklich überdeckt werden, daher muss er eine ganze Weile ziehen. Gut 5 Min. sollten reichen.

FÜR 4 PORTIONEN

25–30 Minzeblätter plus Extrablätter zum Garnieren

400 ml stark gebrauter grüner Tee, abgegossen und erkaltet (Loseblatttee ist hierfür am besten, wir mögen Sencha)

175 ml Demerara-Sirup (siehe Schritt 1 der Anleitung)

100 ml frischer Limettensaft (von 4–5 Limetten)

4 Schaufeln Eiswürfel

kohlensäurehaltiges Mineralwasser zum Auffüllen (optional)

Limettenschnitze zum Garnieren

Demerara-Sirup

225 g Demerara-Zucker (Turbinado)

250 ml Wasser

1. Für den Sirup Zucker und Wasser in einem kleinen Topf erhitzen, bis sich der Zucker komplett aufgelöst hat. In ein Gefäß gießen und im Kühlschrank abkühlen lassen, bis er »einsatzbereit« ist.
2. Minzeblätter zwischen den Handflächen ein wenig knautschen, um die Öle freizusetzen, dann in einen großen Krug geben.
3. Tee, kalten Demerara-Sirup (abgemessene Menge laut Rezept) und Limettensaft einfüllen, dann Eis. Gründlich umrühren.
4. Kosten und mit Mineralwasser auffüllen (falls verwendet), zum Abschluss noch einmal umrühren.
5. In einzelne Gläser gießen und mit Minzestängeln und Limettenschnitzen garnieren.

GRAMS
0
50
100
150
200
250
300
350
400
450
500
WeightWatchers
MADE IN THE REP OF IRELAND

Dinnerparty

Dinner mit Dalí

Salvador Dalí war besessen von allem Essbaren. Er gab Dinnerpartys, die das Gesprächsthema schlechthin waren in der High Society des 20. Jahrhunderts. Am Tisch des Künstlers konnten die Gäste so unterschiedliche Gerichte wie »Froschpastete«, »Toffee mit Kiefernzapfen« oder »Langustenbusch in Wikingerkräutern« genießen, während der Gastgeber zu einem Benehmen ermutigte, das zugleich »sinnlich, fantasievoll und exotisch« war. Diese ganzen Exzesse wurden in Dalís berüchtigtem Kochbuch *Die Diners mit Gala* opulent präsentiert.

FATTEH MIT KONFIERTEN HÄHNCHENSCHENKELN

Ah, das Fatteh! Ein aufwendiges, in Schichten aufgebautes Gericht mit mehreren Komponenten. Die Ursprünge lassen sich nur schwer festmachen, denn es gibt im gesamten Morgenland und im Grunde auf der ganzen Welt Gerichte, die von Fatteh abstammen. Wörtlich bedeutet Fatteh »Bruchstücke« oder »Krümel«, damit ist das knusprige Brot ganz zuunterst gemeint. In Hama (Syrien) und London (!) kommt Reis-Pilaw dazu – damit ist es gehaltvoller und das perfekte Essen für einen besonderen Anlass. .

FÜR 6 PORTIONEN

4 weiße Pitabrote, aufgeschnitten

4 konfierte Hähnchenschenkel (S. 50)

Pilaw:

100 g Butter sowie Extrabutter zum Einpinseln

3 rote Zwiebeln, in dünne Halbmonde geschnitten

1 gute Prise Salz

500 g Basmatireis

1 TL schwarze Pfefferkörner

2 TL Pimentkörner

3 cm großes Stück Zimtstange

3 Gewürznelken

50 g Sultaninen

125 g Kichererbsen aus der Dose/aus dem Glas, abgetropft

600 ml Hühnerbrühe

60 g Blattpetersilie, fein gehackt

20 g Dill, fein gehackt

Tomatensoße:

½ Rezept der Knoblauch-Tomatensoße (S. 24)

5 cm großes Stück Zimtstange

Joghurtsoße:

300 g Joghurt

½ Knoblauchzehe, zerdrückt

Salz nach Geschmack

Braune Butter mit Pinienkernen:

125 g Butter in Würfeln

60 g Pinienkerne

1. Für die Tomatensoße das Rezept auf S. 24 halbieren und zubereiten, dabei zu Beginn das Stück Zimtstange ins Öl geben. Zimt herausnehmen, Soße pürieren und beiseite stellen.
2. Für das Pilaw die Butter in einem Topf bei niedriger Hitze schmelzen und die Zwiebelstreifen mit einer guten Prise Salz hineingeben. Etwa 1 Std. sehr langsam kochen, nur gelegentlich umrühren, bis die Zwiebeln zerfallen.
3. Unterdessen den Reis mehrmals vorsichtig, aber gründlich in jeweils frischem Wasser waschen, bis das Wasser klar bleibt, dann mit lauwarmem Wasser bedecken und 1 Std. einweichen lassen.
4. Im Mörser die schwarzen Pfefferkörner, Pimentkörner, Zimtstange und Nelken zu einem Pulver zerstoßen. 1 TL davon aufbewahren und die restliche Mischung zu den Zwiebeln in die Pfanne geben. Sultaninen und Kichererbsen hinzugeben und 2–3 Min. kochen.
5. Den Reis vollständig abgießen und ebenfalls in die Pfanne geben. Die Hitze etwas höherstellen und umrühren, damit der Reis gut von der heißen Butter umhüllt ist. Sobald vom Boden der Pfanne ein Brutzeln zu hören ist, die Hühnerbrühe hineingeben, mit Salz abschmecken und alle ausgebüxten Reiskörner unter die Oberfläche der Flüssigkeit drücken. Mit einem Pergamentpapier bedecken und den Deckel auflegen. Die Hitze auf höchste Stufe stellen und weitere 7 Min. kochen. Vom Herd nehmen und 15 Min. stehenlassen.
6. In der Zwischenzeit den Ofen auf 160 °C Ober-/Unterhitze (Umluft: 140 °C) vorheizen.
7. Die Pitabrote großzügig mit geschmolzener Butter bestreichen und im Ofen backen, bis sie gleichmäßig gebräunt und sehr knusprig sind.
8. Für die braune Butter in einer kleinen Kasserole bei mittlerer Hitze die Butter schmelzen und kochen, bis sie nussbraun ist, dann in eine Schüssel gießen. Pinienkerne auf ein Backblech geben und 1–2 Min. im Ofen rösten, dann in die Butter schütten.
9. Die konfierten Hähnchenschenkel mit dem verbliebenen TL Gewürzmischung bestreuen. 10 Min. gemäß der Anleitung auf S. 50 rösten, braten oder grillen, dann das Fleisch von den Knochen lösen; dabei hier und da ein paar größere Stücke lassen.
10. Die Zutaten der Joghurtsoße miteinander verrühren und mit ein wenig kaltem Wasser dünnflüssiger machen. Die Tomatensoße erwärmen.
11. Das Fatteh zusammensetzen: Die knusprigen Pittabrote in mundgerechte Stücke zerbrechen und auf einer großen Servierplatte verteilen. Das Reis-Pilaw mit einer Gabel auflockern, die gehackten Kräuter unterheben und auf die Platte geben. Die krossen konfierten Hähnchenschenkel darauf verteilen, dann die warme Tomatensoße, die Joghurtsoße, die braune Butter mit Pinienkernen und schließlich ein paar ganze Kräuter über alles geben. Und dann geht's los.

KÄSETORTE ÜBER KAROTTENKUCHEN

Karottenkuchen ist unser Lieblingskuchen. Käsetorte war ganz knapp zweiter Sieger. Zählen wir nun eins und eins zusammen. Heraus kommt …

FÜR 8 PORTIONEN

Karottenkuchen:

150 ml Pflanzenöl
125 g Kristallzucker
85 g brauner Zucker
1 TL Vanilleextrakt
2 Eier
140 g Mehl
½ TL feines Meersalz
1½ TL Backpulver
1 TL gem. Zimt
¼ TL gem. Muskatnuss
165 g Karotten, geschält und gerieben

Käsetorte:

40 g Pekannüsse, gehackt, zum Dekorieren
370 g Konditorsahne oder Schlagsahne
450 g Frischkäse, weichgerührt
185 g Puderzucker, gesiebt
1 TL Vanilleextrakt

1. Den Ofen auf 180 °C Ober-/Unterhitze (Umluft: 160 °C) vorheizen, eine Springform (Ø 23 cm) einfetten und mit Backpapier auslegen.
2. In einer großen Schüssel Öl, die beiden Zuckersorten, Vanilleextrakt und Eier zu einer glatten Masse verquirlen. Mehl mit Salz, Backpulver, Zimt und Muskatnuss hineinsieben und umrühren, bis die Zutaten gerade miteinander vermengt sind. Die geriebenen Karotten unterheben und die Mischung mit dem Teigschaber in die vorbereitete Form geben.
3. Den Kuchen 35–40 Min. backen bzw. bis ein Zahnstocher beim Einstechen sauber wieder herausgezogen wird. Beiseite stellen und vollständig erkalten lassen.
4. Pekannüsse in einer gleichmäßigen Schicht auf einem Backblech verteilen und etwa 10 Min. backen, bis sie goldbraun und geröstet sind (im Auge behalten, damit sie gleichmäßig bräunen). Beiseite stellen und vollständig erkalten lassen.
5. Mit einem Handrührgerät in einem hohen Gefäß die Sahne schlagen, bis feste Spitzen stehen bleiben. In einer anderen Schüssel Frischkäse, Puderzucker und Vanilleextrakt verquirlen. Die geschlagene Sahne unter die Frischkäsemasse heben, bis beides gut vermischt ist, dann die Masse auf dem Karottenkuchen verteilen und die Oberfläche mit einer Winkelpalette glatt streichen.
6. Für 6 Std. oder über Nacht im Kühlschrank kühlen.
7. Den Tortenrand mit den gehackten Pekannüssen bestreuen, das Kunstwerk aus der Form nehmen und auf einen Tortenständer oder eine Tortenplatte gleiten lassen. Aufschneiden und servieren!

40 KONFIERTE KNOBLAUCHZEHEN MIT HÄHNCHEN

Dieses Rezept ist etwas aufwendiger und braucht eine Weile, nehmt daher die besten Hähnchenschenkel, die ihr bekommen könnt. Konfierter Knoblauch ist ein Knüller. Und wer macht Werbung für ihn? Die Knoblauchpresse! Witz verstanden? Jedenfalls: Wir pürieren den konfierten Knoblauch gern und geben ihn zu Stampfkartoffeln mit viel Butter. Schmeckt großartig mit dem knusprigen Hähnchen und einem Salat. Falls Reste bleiben, macht unbedingt das Fatteh mit konfierten Hähnchenschenkeln von S. 46.

FÜR 4–6 PORTIONEN

4–6 Hähnchenschenkel in Topqualität

ungefähr 44 dicke Knoblauchzehen, 4 grob zerkleinert, 40 geschält und ganz

20 Thymianzweige, 10 grob zerkleinert, 10 ganz

8 frische Lorbeerblätter, 6 grob zerkleinert, 2 ganz

4–6 EL Meersalzflocken

sehr grob gem. schwarzer Pfeffer

1½ l mildes Olivenöl

S. 49

1. Ein Gefäß wählen, das so groß ist, dass die Hähnchenschenkel darin in einer einzigen Schicht gut liegen können. Je die Hälfte der zerkleinerten Zutaten Knoblauch, Thymian und Lorbeer auf dem Boden der Schale verteilen. Die Hähnchenschenkel sehr großzügig mit Salz und Pfeffer würzen, auf die Zutaten legen. Mit Frischhaltefolie umwickeln und über Nacht in den Kühlschrank stellen.
2. Am nächsten Tag den Ofen auf 100 °C Ober-/Unterhitze (Umluft: 80 °C vorheizen.
3. Die Marinade vollständig von den Hähnchenschenkeln abwaschen, die Keulen extrem gründlich mit Küchenpapier abtrocknen. Mit einem scharfen Messer jedes Bein unten einmal ringsum bis auf den Knochen einschneiden, darauf achten, dass die Sehnen durchtrennt sind, damit das konfierte Fleisch ordentlich aussieht und die Haut beim Garen nicht reißt.
4. Die Schenkel mit der Hautseite nach oben in einen großen Bräter ohne Deckel legen, dazu die unzerkleinerten Knoblauchzehen, Thymianzweige und Lorbeerblätter. Möglichst alles in einer einzigen Schicht halten. Mit Olivenöl übergießen und bei mittlerer Hitze aufsetzen. Sobald die Temperatur des Öls 97 °C erreicht bzw. größere Blasen zur Oberfläche des Öls aufsteigen, in den Ofen stellen.
5. Ohne Deckel 2½–3 Std. garen bzw. bis die Schenkel sehr weich sind, aber noch ihre Form halten. Jetzt müsste der Knoblauch unerhört süß schmecken, dunkler sein, dehydriert und fast quietschig, jedoch nicht angebrannt oder bitter im Geschmack. Wenn ihr irgendwann fürchtet, dass der Knoblauch zu dunkel wird, oder wenn ihr keine ausgesprochen dicken Knoblauchzehen verwendet, fischt sie ruhig heraus und legt sie beiseite, bis das Hähnchen fertig ist.
6. Soll das Gericht nicht sofort gegessen werden, abkühlen lassen, die Schenkel vorsichtig aus dem Öl nehmen und in ein sterilisiertes Behältnis legen. Die konfierten Knoblauchzehen in ein Extragefäß geben und mit ausreichend Öl bedecken. Das restliche Fett durch ein Sieb über die Schenkel gießen und die Kräuter entsorgen. Schenkel und Knoblauch halten sich im Kühlschrank ca. 2 Wochen.
7. Für die Zubereitung der konfierten Schenkel die gewünschte Anzahl aus dem Aufbewahrungsgefäß nehmen und auf Zimmertemperatur bringen. Das überschüssige Fett abkratzen, dann eine der folgenden Möglichkeiten wählen: a) Mit der Hautseite nach oben auf ein Grillgitter über einem Backblech legen und bei 220 °C Ober-/Unterhitze (Umluft: 200 °C) 7–10 Min. grillen bzw. bis es knusprig ist, oder b) mit der Hautseite nach unten in einer beschichteten Pfanne auf mittlerer bis hoher Hitze braten, dann für ein paar Min. auf die Fleischseite wenden. Kurz auf Küchenpapier abtropfen lassen, dann servieren.
8. Den konfierten Knoblauch zerdrücken und mit vielen, gut mit Butter zerstampften Kartoffeln vermengen und zu den knusprigen Hähnchenschenkeln servieren.

MINI-FILET WELLINGTON UND SOSSE MIT PFEFFERKÖRNERN

S. 53

Die tatsächlichen Ursprünge des Rinderfilets Wellington sind in den dunklen Tiefen der Geschichte versunken. Wurde es zu Ehren der Schlacht bei Waterloo kreiert? Haben die Briten sich lediglich das französische Filet de bœuf en croûte zu eigen gemacht? Unabhängig von der Herkunft: Wenn euch bei dem Gedanken schwindlig wird, für ein Stück Rinderfilet tief in die Tasche greifen zu müssen, dann probiert unsere köstlichen Mini-Versionen. Sie kosten nur einen Bruchteil, sind viel einfacher zuzubereiten – und ohne durchweichten Boden.

FÜR 4 PORTIONEN

2 EL ungesalzene Butter

3 Schalotten, in feine Ringe geschnitten

500 g gemischte Pilze, sehr fein gewürfelt oder portionsweise mit Intervalltaste im Mixer zerkleinert

2 EL Thymianblätter

100 ml Weißwein

1 EL Pflanzenöl

4 kleine Filetsteaks, etwa 4 cm dick

Salz sowie schwarzer Pfeffer aus der Mühle nach Geschmack

2 x aufgerollter Butterblätterteig aus dem Kühlregal (ungefähr 35 x 23 cm)

8 Scheiben Parmaschinken

2 Eier

grünes Buttergemüse als Beilage

Pfeffersoße:

40 g ungesalzene Butter

1 Schalotte, fein geschnitten

1 EL schwarze Pfefferkörner, grob gemahlen

3 ½ EL Brandy

150 ml kräftige Rinderbrühe

150 ml Konditorsahne

1 TL Dijonsenf

großzügiger Spritzer Zitronensaft

Salz nach Geschmack

1. Die Butter in einer kleinen Bratpfanne auf mittlerer Hitze erwärmen, Schalotten und Pilze hinzugeben und braten, bis die ganze Pilzflüssigkeit verkocht und alles trocken ist. Thymian und Wein hinzugeben und etwa 5 Min. lang weiterkochen, dabei oft umrühren, bis eine richtig sämige, kompakte Paste entstanden ist. Zum Abkühlen beiseite stellen.
2. Das Pflanzenöl in einer großen, schweren Bratpfanne sehr stark erhitzen, bis es fast raucht. Die Steaks auf beiden Seiten mit etwas Salz und Pfeffer würzen, dann auf jeder Seite 15–20 Sek. scharf anbraten, damit sie etwas Farbe bekommen. Beiseite stellen und kurz ruhen lassen. (Falls Saft aus den Steaks austritt, diesen auffangen und in Schritt 7 mit der Brühe in die Pfanne gießen. Die Pfanne nicht abwaschen und später im Rezept die Soße in ihr zubereiten.)
3. Die beiden Blätterteigplatten in der Breite halbieren, also in je zwei Rechtecke teilen. Auf jede Teigplatte etwa 3 EL der abgekühlten Pilzpaste streichen, dabei einen etwa 1 cm breiten Rand an den Kanten frei lassen. Dann auf jedes Rechteck zwei Scheiben Parmaschinken legen und die Filetsteaks in die Mitte setzen. Den Schinken ganz um die Steaks wickeln.
4. Die Eier in einer kleinen Schüssel mit etwas Wasser und einer Prise Salz aufschlagen. Die Teigränder mit dieser Eiflüssigkeit bestreichen, dann die Teigplatten über die Steaks falten und das Fleisch schön einpacken. Dabei an den Rändern den Teig herunterdrücken und das Päckchen gut verschließen. Jedes Päckchen so zurechtschneiden, dass es gewissermaßen einen Halbkreis um das Steak herum bildet. Dann die Kanten umfalten oder festdrücken. Die Wellingtons 20 Min. im Kühlschrank abkühlen lassen.
5. In der Zwischenzeit den Ofen auf 240 °C Ober-/Unterhitze (Umluft: 220 °C) vorheizen. Ein Backblech im Ofen anwärmen.
6. Die abgekühlten Wellingtons mit der Eimasse bestreichen, auf das vorgewärmte Backblech setzen und 12–15 Min. backen, bis der Blätterteig golden und aufgebläht ist. Aus dem Ofen nehmen und 10 Min. ruhen lassen.
7. Unterdessen die Soße zubereiten. Die Butter in der Steakpfanne auf mittlerer Hitze erwärmen, Schalotten hinzugeben und etwa 5 Min. anschwitzen, bis sie weich sind. Die zerstoßenen Pfefferkörner dazugeben und etwa 30 Sek. lang rösten, nun die Pfanne mit dem Brandy ablöschen. Rinderbrühe dazugeben, kurz einkochen, dann Sahne dazugießen und Senf einrühren. Ein paar Min. ganz leicht kochen, um die Aromen miteinander zu vereinen, dann Zitronensaft und Salz nach Geschmack hinzugeben.
8. Die Mini-Wellingtons mit der Soße und etwas grünem Buttergemüse servieren.

KARAMELL-POPCORN-EIS

Der Trick bei unserem Eis besteht darin, dass für die richtige Textur raffinierterweise ganz normale Schlagsahne verwendet wird. Dadurch entfällt das langwierige Rühren der Eiercreme, mit dem man sich beim Eismachen normalerweise abzufinden hat. Die Sahne selbst kann mit allen möglichen Aromen angereichert werden; die nussige Popcornnote passt super zu diesem Rezept und schmeckt nach mehr.

FÜR 4 PORTIONEN

600 ml Konditorsahne

1 große Handvoll gesalzenes Popcorn

400 g Kondensmilch

100 g gesalzene Karamellsoße plus Extrasoße zum Dekorieren

Karamell-Popcorn zum Servieren

1. Die Sahne in einem Topf auf mittlerer Hitze erwärmen, bis sie durchgewärmt ist, dann vom Herd nehmen und das Popcorn hineingeben. Zum Aromatisieren 30–45 Min. beiseite stellen.
2. Die Sahne durch ein feines Maschensieb oder ein Seihtuch in eine Schüssel filtern und in den Kühlschrank stellen, damit sie vollständig erkaltet. Das Popcorn entsorgen.
3. Gekühlte Sahne und Kondensmilch im Mixer gründlich vermengen. In ein gefriergeeignetes Behältnis gießen und die Karamellsoße mit einem Messer oder einem Stäbchen wirbelförmig unterziehen.
4. Gefäß mit Deckel verschließen und 6–8 Std. (oder für ein besseres Ergebnis über Nacht) in den Gefrierschrank stellen, bis das Eis fest ist.
5. Mit Karamellpopcorn und Extra-Karamellsoße verziert servieren.

Espresso-Martini aus der French Press

Espresso-Martinis gelten gemeinhin als schaumige Angelegenheit – etwas, das ihr zu Hause keinesfalls verpassen solltet, wie wir finden. Die French Press ist nicht nur zum Kaffeekochen da, Leute!

FÜR 4 PORTIONEN

225 ml starker Kaffee, frisch zubereitet

120 ml Kaffeelikör

200 ml Wodka

Eiswürfel zum Servieren (optional)

1. Den Kaffee abkühlen lassen, dann mit dem Kaffeelikör und dem Wodka in ein großes Mixgefäß füllen. Das Gemisch mindestens 30 Min. bzw. bis es servierbereit ist im Kühlschrank erkalten lassen.
2. Die Mischung in eine saubere, stabile French Press füllen und den Siebstempel mehrmals schwungvoll auf und ab bewegen, bis sich eine schöne Schaumkrone gebildet hat.
3. Sofort auf Eiswürfel in die einzelnen Gläser gießen.

POP
CORN

ÜBERBACKENE GNOCCHI-TARTIFLETTE

In den 1980ern waren die Franzosen schwer vom Einbruch der Verkäufe ihres geliebten Reblochon getroffen, und so erfanden sie dieses Gericht, um ein paar Käselaibe mehr unters Volk zu bringen. Marketing hat noch nie so gut geschmeckt, oder? Wir stellen uns gern vor, wie unsere Version dieses Gerichts mit seinen knusprig gebratenen Kartoffelgnocchi-Kissen von Kletterern zur Feier des Gipfelsturms auf dem Mont Blanc an der französisch-italienischen Grenze verputzt wird..

FÜR 4–6 PORTIONEN

1 TL feines Meersalz plus etwas mehr für das Backblech

1 kg große, mehlige Ofenkartoffeln (für etwa 800 g Kartoffelfleisch)

2 große Eigelb, verquirlt

200 g Mehl sowie Extramehl zum Bestäuben

2 EL Olivenöl sowie Extraöl zum Einfetten

150 g Reblochon (oder Delice du Jura), in dünne Scheiben geschnitten

Soße:

300 g runde Schalotten, geschält, aber ganz

1 EL Olivenöl

1 TL Zucker

1 Prise Salz plus etwas mehr zum Abschmecken

150 g Speckwürfel

1 EL ungesalzene Butter sowie Extrabutter zum Braten (optional)

2 Knoblauchzehen, fein geschnitten

1 Handvoll Salbeiblätter sowie Extrasalbei zum Garnieren (optional)

100 ml trockener Weißwein

1 EL Weißweinessig

150 ml Hühnerbrühe

150 ml Konditorsahne

schwarzer Pfeffer aus der Mühle nach Geschmack

1. Den Ofen auf 200 °C Ober-/Unterhitze (Umluft: 180 °C) vorheizen.
2. Eine dünne Schicht Salz auf ein Backblech streuen und die Backofenkartoffeln darauf anordnen. Im Ofen 1 Std. und 20 Min. backen bzw. bis sie mit einem Messer leicht eingestochen werden können.
3. Die Schalotten für die Soße mit Öl, Zucker und einer Prise Salz vermengen, auf ein Backblech legen und etwa 30 Min. rösten, bis sie weich, süß und karamellisiert sind. Beiseite stellen zum Abkühlen.
4. Die Kartoffeln aus dem Ofen nehmen und etwa 10 Min. abkühlen lassen, dann halbieren und die Hälften mit einem Tuch in die Hand nehmen, um das Fleisch mit dem Löffel in eine Schüssel zu schaben. Das Kartoffelfleisch noch heiß durch eine Kartoffelpresse direkt auf eine saubere Arbeitsfläche pressen. Gleichmäßig mit 1 TL Meersalz bestreuen, und sobald die Masse nicht mehr dampft, aber noch warm ist, das Eigelb darüberträufeln. Das Mehl darübersieben, dann mit einem Teigschaber in senkrechten Hackbewegungen das Mehl in die Kartoffelmasse arbeiten, bis es gleichmäßig verteilt ist und das Gemisch wie viele Kieselsteinchen aussieht. Nun alle Komponenten mit den Händen durch sanftes mehrmaliges Kneten miteinander vermengen. Nicht zu viel kneten, sonst wird der Teig entweder klebrig oder quietschig – beides nicht schön.
5. Die Arbeitsfläche mit Mehl bestäuben, den Teig in 4 Klumpen schneiden und diese zu Würsten rollen. Sie in 2 cm dünne Scheiben schneiden, mit Frischhaltefolie abdecken und zur Seite stellen.
6. Einen Topf mit gesalzenem Wasser zum Kochen bringen und ein Backblech leicht einölen. Die Gnocchi portionsweise in das kochende Wasser geben und etwa 2 Min. leicht köcheln lassen, bis sie oben schwimmen. Wenn es so weit ist, 20 Sek. warten, sie herausschöpfen und auf das geölte Backblech befördern.
7. Eine Sautierpfanne auf mittlerer bis großer Hitze aufsetzen und das Olivenöl hineingeben. Sobald es heiß ist, ein Drittel der Gnocchi hineingeben und auf beiden Seiten knusprig und golden anbraten (2–3 Min.). Mit dem Rest wiederholen und beiseite stellen.
8. Die Pfanne auswischen und die Hitze auf mittlere Stufe reduzieren. Speckwürfel hineingeben und 5 Min. anbraten. Butter, Knoblauch und Salbeiblätter hinzufügen und weiterbraten. Wein und Essig hineingeben und 3 Min. kochen, bis die Flüssigkeit auf die Hälfte reduziert ist. Brühe hinzugeben und 5 Min. kochen, bis die Flüssigkeit wiederum auf die Hälfte reduziert ist, nun die Sahne dazugießen. Die gerösteten Schalotten halbieren und in die Soße geben. Mit Salz und Pfeffer abschmecken und die Gnocchi hineinrühren.
9. Grill auf hoher Stufe vorheizen (oder auf Grillfunktion im Backofen).
10. Das Gemisch in eine feuerfeste Auflaufform geben, darauf achten, dass alles gleichmäßig verteilt ist. Den Reblochon in Scheiben auflegen und einige Minuten überbacken, bis er goldbraun ist und Blasen wirft. Wer mag, frittiert ein paar Salbeiblätter in etwas Butter knusprig zum Garnieren. Guten Appetit!

LANGSAM GEGARTE GOCHUJANG-SHORT-RIBS

Gochujang ist eine koreanische scharf-süße fermentierte Chilipaste – für Köchinnen und Köche eine unglaublich tolle Sache. Üblicherweise ist sie eher die Würze für Bibimbap, hier aber wird sie langsam mit fetten Short Ribs gegart, gibt der Bratensoße eine tiefrote Färbung und einen einzigartigen Geschmack. Sucht unbedingt nach den Pasten in den roten, »Schatzkisten« ähnlichen Verpackungen, bei den anderen handelt es sich oft um schlechte Imitate. Köstlich mit Klebreis, Kimchi oder einem knackigen Salat.

FÜR 4–6 PORTIONEN

2 kg Rinder-Short-Ribs (mit Knochen), Zimmertemperatur

Salz und schwarzer Pfeffer aus der Mühle nach Geschmack

Erdnussöl zum Braten

2 Zwiebeln, in große Stücke geschnitten

3 dicke Scheiben frische Ingwerwurzel

6 dicke Knoblauchzehen, angedrückt, aber ganz

150 ml Shaoxing Reiswein oder trockener Sherry

120 g Gochujang (koreanische scharfe Chilipaste)

2 EL helle Sojasoße

1 EL dunkle Sojasoße

4 EL Chinkiang-Essig (aus chinesischem schwarzen Reis) oder Reisweinessig

3 EL brauner Zucker

Zum Servieren:

1 EL Sesamöl

1 EL Maismehl, mit ein wenig Wasser angemischt

gerösteter Sesam zum Bestreuen

Frühlingszwiebelgrün, in Ringe geschnitten

1. Den Ofen auf 150 °C Ober-/Unterhitze (Umluft: 130 °C) vorheizen und eine große, backofengeeignete Schmorpfanne auf mittlerer Hitze aufsetzen.
2. Die Short Ribs mit Küchenpapier trocken tupfen und die Hälfte von ihnen gut mit Salz und Pfeffer würzen.
3. Den Boden der Pfanne mit Erdnussöl bedecken, und sobald dieses heiß ist, die gewürzten Rippchen 10–15 Min. bräunen, bis sie auf allen Seiten eine schöne Farbe angenommen haben. Darauf achten, dass die Pfanne nicht zu heiß wird, das Fleisch soll nicht angesengt werden, auch Partikel am Pfannenboden sollen nicht anbrennen. Die gebräunten Rippen mit dem überschüssigen Öl herausnehmen, dann die zweite Runde Short Ribs würzen und bräunen. Mit den ersten beiseite stellen.
4. Zwiebeln, Ingwer und Knoblauch in die Pfanne geben und in demselben Öl anbraten. Wenn alles allmählich Farbe bekommt, den Reiswein und dann alle restlichen Zutaten hineinrühren. Die angebratenen Short Ribs wieder in die Pfanne legen und so viel Wasser dazugeben, dass das Fleisch gerade bedeckt ist. Die Oberfläche der Flüssigkeit mit rundem, fettdichtem Backpapier bedecken und den Deckel nicht ganz auflegen (eine ca. 3 cm große Öffnung lassen). 3½–4 Std. im Ofen garen bzw. bis das Fleisch sehr weich ist und sich vom Knochen löst.
5. Aus dem Ofen nehmen und kurz abkühlen lassen, dann das Backpapier entsorgen. Die Short Ribs vorsichtig aus der Soße nehmen und nebeneinander in ein Behältnis legen (nicht stapeln), Deckel auflegen und beiseite stellen. Wenn die Soße in der Pfanne erkaltet ist, durch ein Sieb in ein anderes Gefäß gießen, die Würzzutaten entsorgen und die Soße in den Kühlschrank stellen, damit das Fett sich abscheidet und fest wird. Mit einem Schöpflöffel (oder mit den Händen) das orangefarbene Fett von der erkalteten Soße schöpfen und entsorgen.
6. Zum Servieren die Short Ribs wieder für 10–15 Min. in den Ofen geben zum Durcherwärmen.
7. Die Soße mit dem Sesamöl in einen Topf geben und bei mittlerer Hitze kochen, bis sie um die Hälfte reduziert ist (etwa 5–10 Min.). Sie sollte sehr sämig und glänzend sein. Die Maismehlpaste einrühren.
8. Die heißen Short Ribs auf einer großen Servierplatte anrichten, dann mit der Bratensoße überziehen und großzügig mit Sesam und Frühlingszwiebeln bestreuen.

HÄHNCHEN-PILZ-CASSOULET

Cassoulet zählt zu den großartigen Gerichten der Welt – ein wahrer Lobgesang auf die herzhafte französische Bauernkost. Unsere Cassoulet wird anstelle der traditionellen Ente mit unseren konfierten Hähnchenschenkeln (siehe S. 50) zubereitet und ist eine (leicht) abgespeckte Version ohne Schweinefüße. Ganz viel Erdigkeit von den Steinpilzen steckt darin, die Kraft aus der Brühe und das Cremige der weißen Bohnen. Am besten genießt ihr dazu grünen Salat und einen kräftigen französischen Rotwein.

FÜR 4–6 PORTIONEN

30 g getr. Steinpilze
300 ml warmes Wasser
2 EL Olivenöl
1 EL ungesalzene Butter
4 große hochwertige Würstchen, vorzugsweise Toulouse
150 g nicht geräucherte Speckwürfel
2 mittelgroße Zwiebeln, in Würfel geschnitten
300 g Austernpilze
5 Knoblauchzehen, klein geschnitten und zerdrückt
2 Pflaumentomaten (aus der Dose)
5 Thymianzweige
1 Lorbeerblatt
100 ml Weißwein
400 ml hochwertige Hühnerbrühe
3 Dosen (à 400 g) weiße Bohnen, abgegossen und abgespült
Salz und schwarzer Pfeffer aus der Mühle nach Geschmack
2 konfierte Hähnchenschenkel (S. 50) (alternativ frische Hähnchenoberschenkel verwenden, gewürzt und in Öl angebraten)

Topping:

100 g Panko-Paniermehl
3 EL Olivenöl
1 TL Salz

1. Die Steinpilze in 300 ml warmem Wasser etwa 1 Std. lang wässern, dann herausnehmen, überschüssiges Wasser ausdrücken und die Pilze in kleine Stücke schneiden. Das Einweichwasser durch ein Sieb in einen kleinen Messbecher abgießen, es sollten grob 250 ml sein.
2. Den Ofen auf 180 °C Ober-/Unterhitze (Umluft: 160 °C) vorheizen.
3. In einer großen, breiten, feuerfesten Schmorpfanne 1 EL Olivenöl und die Butter auf mittlerer Hitze erwärmen. Die Würstchen hineingeben und etwa 5 Min. anbraten, bis sie rundum Farbe haben und fast durchgegart sind. Herausnehmen, beiseite stellen und in große Stücke schneiden, sobald sie kalt genug sind zum Anfassen.
4. Den Speck in dieselbe Pfanne geben und knusprig anbraten, vom Herd nehmen, Speck abschöpfen und beiseite stellen.
5. Zwiebeln in dieselbe Pfanne geben und im Speckfett bei milder Hitze etwa 30 Min. lang braten, bis sie weich und klebrig sind.
6. In eine Extrapfanne etwas mehr Öl geben und die Pilze portionsweise braten, bis sie anfangen zu karamellisieren. Mit Würstchen und Speck beiseite stellen.
7. Knoblauch zu den Zwiebeln geben und 1–2 Min. anbraten, bis er duftet, dann die Pflaumentomaten mit den Fingern ein bisschen zerpflücken und zusammen mit den klein geschnittenen Steinpilzen, dem Thymian und dem Lorbeerblatt dazugeben. Weißwein zum Ablöschen der Pfanne dazugießen.
8. Die zurückbehaltene Pilzbrühe und die Hühnerbrühe dazugeben und ungefähr 10–15 Min. simmern und einkochen lassen. Bohnen hinzugeben, Austernpilze und Speck einrühren und mit Salz und Pfeffer würzen. Die fertigen Wurststücke hinzugeben und tief in der Flüssigkeit versenken. Die konfierten Hähnchenschenkel (oder Oberschenkel) oben darauflegen und in die Bohnen hineindrücken. In den Ofen stellen und ohne Deckel 30 Min. backen.
9. In einer Schüssel das Panko-Paniermehl mit dem Olivenöl mischen. Die Auflaufform aus dem Ofen nehmen, das Panko-Gemisch über die Bohnen streuen und die Form für weitere 30 Min. wieder in den Ofen geben, bis die Brotkrumen golden und knusprig sind und die Soße schön dick ist.

Picknick

Der Tod ist ein Picknick

So unappetitlich es auch klingen mag: Auf dem Friedhof zu essen – mit den Toten zu picknicken –, hat eine lange Geschichte. Im Amerika des 19. Jahrhunderts galten Friedhöfe als idealer Zufluchtsort vor den elenden Zuständen in der von Krankheiten gebeutelten Stadt. Sie waren ein perfektes Naherholungsgebiet für die ganze Familie. Die vermodernden Überreste der kürzlich Verstorbenen spielten offenbar keine Rolle.

WALKERS

HÄHNCHEN-TIKKA-BAGUETTES »PHILIPPE DUBOIS«

»Philippe Dubois« war ein unprätentiöses und ausgesprochen unfranzösisches Schnellrestaurant in Birmingham (England), das sich auf avantgardistische Baguettefüllungen spezialisiert hatte. Hier kommt unsere Version ihres erfolgreichsten Angebots, das man heiß oder kalt bestellen konnte. Beilage: billige, salzige Chips.

FÜR 4 PORTIONEN

Hähnchen-Tikka:

3 cm frischer Ingwer

4 Knoblauchzehen

150 g dicker griechischer Joghurt, durchgeseiht

1 TL Kashmiri-Chilipulver (mild)

½ TL gem. Kurkuma

½ TL Garam Masala

1 TL Rauchpaprikapulver

1½ TL gem. Kreuzkümmel

1½ TL gem. Koriander

¼ TL gem. Zimt

1 EL Salzflocken

2 EL Zitronensaft

600 g Hähnchenbrust, in mundgerechte Stücke geschnitten

50 g ungesalzene Butter, geschmolzen

Tikka-Paste:

1 EL neutrales Öl

½ TL Kreuzkümmelsamen

½ Zwiebel, fein geschnitten

1 kleine Prise Salz

1 EL Tomatenmark

¼ TL Kashmiri-Chilipulver (mild)

¼ TL Rauchpaprikapulver

½ TL gem. Kreuzkümmel

½ TL gem. Koriander

¼ TL gem. Kurkuma

Sandwichfüllung:

100 g Mayonnaise

50 g dicker griechischer Joghurt

1 kleine Handvoll Koriandergrün, fein gehackt

2 TL gutes Mangochutney bzw. nach Geschmack

1 Spritzer Zitronensaft

Zum Servieren:

billige gesalzene Chips

schwarzer Pfeffer aus der Mühle

französische Baguettes, aufgeschnitten

Gurkenscheiben

Eisbergsalat, in Streifen geschnitten

1. Für das Hähnchen-Tikka Ingwer und Knoblauch im Mörser zu einer Paste verarbeiten und mit allen anderen Zutaten (außer der geschmolzenen Butter) in eine Schüssel geben. Sorgfältig mischen, dann zudecken und bei Zimmertemperatur mindestens 1 Std. marinieren.
2. Für die Tikka-Paste das Öl in einer kleinen Pfanne auf mittlerer Hitze erwärmen und sobald es heiß, ist die Kreuzkümmelsamen hineingeben. Wenn sie knistern, die Zwiebel und eine kleine Prise Salz hinzugeben. Etwa 10 Min. anbraten, bis die Zwiebel goldbraun ist, dann Tomatenmark hinzugeben und kurz kochen, bis der rohe Geschmack weg ist, und schließlich die gemahlenen Gewürze hineingeben. Zum Abkühlen vom Herd nehmen.
3. Den Grill auf hoher Stufe vorheizen (alternativ den Backofen auf Grillfunktion einstellen).
4. Die marinierten Hähnchenstücke auf Spieße stecken, dann über eine ofenfeste Form oder eine gusseiserne Pfanne legen. 10–15 Min. grillen, nach der Hälfte der Zeit wenden und ab und zu mit der geschmolzenen Butter begießen, bis das Fleisch durchgegart und etwas geschwärzt ist. Etwas abkühlen lassen, dann das Fleisch in groben Stücken von den Spießen streifen und in eine Schüssel geben, um es vollständig erkalten zu lassen.
5. Die Tikka-Paste zusammen mit Mayonnaise, Joghurt, Koriander sowie nach Belieben Chutney und Zitronensaft unter das abgekühlte Hähnchenfleisch ziehen. Zum Picknicken in ein Gefäß füllen.
6. Wenn es ans Essen geht, die Chipstüten aufreißen, viel schwarzen Pfeffer hineinmahlen und die Chips ordentlich durchschütteln. Die Baguettes mit der Hähnchen-Tikka-Füllung sowie mit einer Handvoll Chips, ein paar dicken Gurkenstücken und Salatstreifen bestücken und dann – guten Appetit!

CAPONATA-MOZZARELLA-SANDWICHES

Caponata ist ein sizilianisches Schmorgericht und ausgesprochen vielseitig. In einem Sandwich schmeckt es unglaublich köstlich. Bereitet sie am Vortag zu, wenn ihr die Möglichkeit habt. Wie bei vielen Gerichten lässt auch hier eine lange Ruhezeit die Aromen runder werden und verschmilzt sie noch mehr miteinander. Wir haben etwas guten Büffelmozzarella hinzugegeben, das gibt Muskeln. Ein paar schön salzige Anchovisfilets können auch nicht schaden.

FÜR 4–6 PORTIONEN

2 kleine Auberginen

Salz nach Geschmack plus 1 kleine Prise

3 Stangen Staudensellerie, geputzt und schräg in 1 cm große Stücke geschnitten

4 EL gutes Olivenöl sowie Extraöl als Dressing

neutrales Öl zum Frittieren

2 rote Zwiebeln, in Halbmonde geschnitten

2 dicke Knoblauchzehen, in dünne Scheiben geschnitten

1 Dose (400 g) ganze Pflaumentomaten, abgetropft

2 EL gesalzene Kapern, abgespült und abgetropft

50 g schwarze Oliven ohne Stein, zerkleinert

2 EL weißer Zucker

4 EL Rotweinessig

40 g Pinienkerne, geröstet

1 Handvoll Basilikumblätter

Zum Servieren:

1 Rosmarin-Knoblauch-Focaccia (S. 19)

2 hochwertige Büffelmozzarella-Kugeln

Meersalzflocken nach Geschmack

1. Die Auberginen in 3 cm große Stücke schneiden. Gut mit etwas Salz vermischen und zum Abtropfen für 1 Std. in einen Durchschlag oder ein Sieb geben.
2. In der Zwischenzeit einen Topf mit großzügig gesalzenem Wasser zum Kochen bringen, Sellerie hineingeben und 2–3 Min. blanchieren, bis er einen zarten Biss hat. Abgießen, mit etwas Olivenöl vermengen und beiseitestellen.
3. Die Auberginen unter fließendem Wasser gründlich abspülen, dann mit Küchenpapier ganz trocken tupfen.
4. In einer hohen, schweren Pfanne 5 cm Öl auf 175 °C erhitzen. Die Auberginenstücke portionsweise in je ca. 5 Min. goldbraun frittieren. Auf Küchenpapier abtropfen lassen und beiseite stellen.
5. In einer anderen Pfanne die 4 EL Olivenöl auf mittlerer Hitze erwärmen, Zwiebeln hineingeben und braten, bis sie glasig sind und sich ein bisschen auflösen, aber sie sollen nicht braun sein. Zwiebeln auf eine Seite schieben und das Öl auf die andere Seite der Pfanne laufen lassen. Hitze etwas reduzieren, Knoblauch hinzugeben und braten, bis er klebt, aber keine Farbe angenommen hat. Den blanchierten Sellerie dazutun und umrühren, damit sich alles miteinander verbindet.
6. Die Hitze wieder auf mittlere Stufe stellen. Die abgetropften Tomaten in den Händen zerkleinern und mit einer kleinen Prise Salz ebenfalls in die Pfanne geben. Ungefähr 10 Min. kochen lassen, dabei oft umrühren, damit auch sicher nichts ansetzt, dann Kapern, Oliven, Zucker und Essig hinzugeben. Wiederum ca. 1 Min. kochen, damit sich die Aromen vereinen und der Zucker sich auflöst. Vom Herd nehmen. Die frittierten Auberginen, Pinienkerne und Basilikum unterrühren und abkühlen lassen.
7. In ein Gefäß füllen und mit noch etwas Olivenöl besprenkeln. Jetzt ab in den Park!
8. Die Focaccia aufschneiden und mit der Caponata belegen. Mozzarella darüber zerpflücken und mit wenig Meersalzflocken bestreuen. Zu guter Letzt – schwelgen.

BLÄTTERTEIGRÖLLCHEN MIT WURSTBRÄTFÜLLUNG BANH MI

S. 65

Das Banh Mi ist zweifellos eines der köstlichsten Sandwiches der Welt, ein delikates Ost-trifft-West und einer der seltenen Fälle, in denen aus der westlichen Kolonialisierung etwas Gutes hervorgegangen ist. Wir haben die Aromen dieser Hammerstulle genommen und in ein Blätterteigröllchen mit Wurstbrätfüllung gepackt (wir lieben solche Röllchen). Die Aromen ergänzen sich auf leckerste Art und Weise – Schweinefleisch, Zitronengras, Fischsoße und diese Geheimzutat: Maggiwürze.

FÜR 6 PORTIONEN

170 g frisches Weißbrot, in Stücke zerpflückt

900 g Schweinehackfleisch

4 Knoblauchzehen, sehr klein geschnitten und zerdrückt

6 cm großer Stängel frisches Zitronengras, sehr fein gehackt

4 cm frischer Ingwer, sehr fein gehackt

1 EL Chiliflocken

1 TL Fenchelsamen, geröstet und zerdrückt

1 TL Koriandersamen, geröstet

1½ TL schwarzer Pfeffer aus der Mühle

2 EL Rohrzucker

1 EL Meersalzflocken

1 TL flüssige Maggiwürze

1 TL Fischsoße

500 g fertiger Butterblätterteig aus dem Kühlregal

1 Ei, mit etwas Milch verquirlt

1 TL weißer Sesam

1 TL schwarzer Sesam

1. Den Ofen auf 180 °C Ober-/Unterhitze (Umluft: 160 °C) vorheizen. Ein Backblech mit Pergamentpapier auslegen.
2. Das Brot in einen Mixer geben und fein zerkrümeln, dann in eine große Schüssel füllen, Schweinehackfleisch dazugeben und mit den Händen durchmischen. Knoblauch, Zitronengras, Ingwer, Chiliflocken, Fenchelsamen, Koriandersamen, schwarzen Pfeffer, Zucker, Salz, Maggiwürze und Fischsoße hinzugeben und gründlich vermengen.
3. Den Teig etwa 5 mm dick zu einem ungefähr 50 x 30 cm großen Stück ausrollen.
4. Wurstbrätmasse zu einer langen, gleichmäßigen Wurst formen (etwa 50 cm lang, so lang wie das Teigstück) und auf den Teig legen. Den freien Bereich der Teigplatte mit dem Ei-Milch-Gemisch bestreichen, dann den Teig über dem Wurstbrät »aufrollen« und an der Nahtstelle mit einer Gabel zusammendrücken. Die ganze Rolle mit Ei-Milch-Gemisch bestreichen und mit den beiden Sesamarten bestreuen. In 6 kurze Röllchen zerteilen und diese auf das Backblech legen.
5. Ungefähr 40 Min. backen, bis die Röllchen goldfarben und durchgegart sind. Falls vorhanden, mit einem Fleischthermometer prüfen – das Fleisch in der Mitte sollte 70 °C haben.

PASTASALAT ALLA NORMA

S. 68

Sizilianer streiten um die wahre Entstehungsgeschichte der Pasta »alla Norma«, die unseren Salat inspiriert hat. Manche sagen, sie wurde als Hommage an den berühmten Komponisten aus Catania, Vincenzo Bellini, und die Schönheit seiner Oper »Norma« kreiert. Andere meinen, die Hauptzutaten dieses Gerichts symbolisieren Elemente der Region, insbesondere des Ätna – die Tomatensoße ist die Lava, der gesalzene Ricotta verkörpert den Schnee in den Wintermonaten. Egal, was ihr glaubt, glaubt auf jeden Fall dies: Der Nudelsalat ist zurück.

FÜR 4–6 PORTIONEN

Im Ofen getrocknete Tomaten:

400 g Mini-Pflaumentomaten, halbiert

1 TL feines Meersalz

1 TL feiner Zucker

Salat:

2 feste, mittelgroße Auberginen

1 EL feines Meersalz plus 1 Prise

Erdnussöl zum Frittieren

Salz

500 g Penne rigate, trocken

etwa 3½ EL hochwertiges Olivenöl

½ Knoblauchzehe, fein gerieben

2 EL Rotweinessig

schwarzer Pfeffer aus der Mühle nach Geschmack

½ rote Zwiebel, sehr fein geschnitten

60 g Pinienkerne, geröstet

120 g Fetakäse, zerkrümelt

1 große Handvoll Basilikum, gezupft (oder mehr, falls der Oregano weggelassen wird)

1 kleine Handvoll frischer Oregano, grob gehackt (optional)

1. Den Ofen auf 120 °C Ober-/Unterhitze (Umluft: 100 °C) vorheizen.
2. Die Tomaten mit der Schnittfläche nach oben auf ein großes Backblech legen. Salz und Zucker mischen, dann gleichmäßig über die Tomatenhälften streuen (nicht alles verbrauchen). Etwa 3 Std. backen bzw. bis die Tomaten ausgetrocknet und köstlich süß sind (die Dauer hängt von der Größe der Tomaten ab). Aus dem Ofen nehmen und abkühlen lassen. Wer möchte, kann sie bis zu ihrer Verwendung in Öl lagernd im Kühlschrank aufbewahren.
3. Die Auberginen in 2 cm große Stücke schneiden. Mit dem feinen Meersalz bestreuen und sorgfältig vermengen, dann zum Abtropfen für 1 Std. in einen Durchschlag geben. Gut mit Wasser abspülen, dann mit Küchenpapier ganz trocken tupfen.
4. In einer hohen, schweren Pfanne auf mittlerer Hitze 3 cm Erdnussöl auf 175 °C erwärmen. Die Auberginenstückchen in zwei Portionen knusprig und goldbraun frittieren. Mit einem Schöpflöffel herausnehmen, auf Küchenpapier abtropfen lassen und beiseite stellen.
5. Einen großen Topf mit Salzwasser zum Kochen bringen, die Pasta hineingeben und nach Packungsanleitung zubereiten. Abgießen und die Nudeln mit etwas Olivenöl vermengen, dann zum Abkühlen beiseite stellen. Ab und zu umrühren, damit sie nicht aneinanderkleben.
6. In einer großen Mixschüssel das restliche Olivenöl mit Knoblauch, Essig, einer Prise Meersalz und einer großzügigen Menge schwarzem Pfeffer aus der Mühle mischen. Rote Zwiebel und Pinienkerne hinzugeben, dann Pasta, getrocknete Tomaten, frittierte Auberginenstücke, Fetakäse, Basilikum und Oregano (falls verwendet). Gut vermengen, noch etwas Öl hinzugeben, falls ihr das Gefühl habt, dies sei nötig. In Picknickdosen füllen und in den Park gehen.

SCHARF GEWÜRZTE, GEHACKTE EIER MIT SRIRACHA-SOSSE IM SCHINKEN-SALAT-TOMATEN-SANDWICH

Sriracha-Soße passt super zu Eiern, deswegen ist sie auf Brunchtafeln in aller Welt präsent. Dies ist ein köstliches Sandwich.

FÜR 4 PORTIONEN

8 große Eier

3 EL scharfe Sriracha-Soße

120 g Mayonnaise

1 TL Senfpulver

½ TL Selleriesalz

3 EL Koriandergrün, fein gehackt

3 EL Schnittlauch, fein gehackt

2 EL frische Minze, fein gehackt

Zesten und Saft von ½ Limette

Zum Servieren:

1 Ciabatta-Brot, der Länge nach aufgeschnitten und in 4 Abschnitte aufgeteilt

Salatblätter (Kopfsalat/Romanasalat)

2 schöne Tomaten, in Scheiben geschnitten und mit etwas Salz gewürzt

12 Streifen Bauchspeck, gebraten

1 scharfe rote Chilischote, in Streifen geschnitten

1. Für die Eier einen großen, flachen Topf mit Wasser zum Köcheln bringen und die Eier vorsichtig hineingleiten lassen, 10 Min. kochen, dann abgießen und in eine große Schüssel mit eiskaltem Wasser legen, damit sie vollständig erkalten (etwa 10 Min.).
2. Eier pellen, halbieren und die Eigelbe in ein Mixergefäß geben; Eiweiße aufbewahren. Zu den Eigelben die Sriracha-Soße, Mayonnaise, Senfpulver und Selleriesalz hinzufügen. Zu einer glatten Masse verarbeiten, dann Kräuter, Limettenzesten und -saft dazugeben und nochmals mixen, bis alles gut miteinander vermischt ist. Eiweiße hineingeben und wenige Male kurz intervallmixen, sodass die Eiweiße appetitlich und stückig bleiben.
3. Das Brot toasten, dann mit Salat, Tomaten, Eimasse, knusprigem Speck und roten Chilistreifen belegen. Einwickeln und in den Park gehen.

Himbeer-Prosecco-Mojito

Abgesehen von vielleicht einem Campari Spritz können wir uns keinen besseren Cocktail für einen Tag im Park vorstellen.

FÜR 4 PORTIONEN

20–25 Minzeblätter

200 ml weißer Rum

75 ml Limettensaft

150 ml Himbeersirup

Eiswürfel

1 Handvoll frische Himbeeren

200 ml Prosecco, gekühlt

Himbeersirup:

225 g feiner Zucker

250 g frische Himbeeren

250 ml Wasser

1. Für den Sirup Zucker, Himbeeren und Wasser in einem kleinen Topf zum Kochen bringen, umrühren, bis die Himbeeren zerfallen sind und der Zucker sich aufgelöst hat. Durch ein Sieb gießen und dabei möglichst viel Fruchtfleisch durchdrücken, dann im Kühlschrank abkühlen, bis es servierfertig ist.
2. Die Minzeblätter leicht zwischen den Handflächen hin und her bewegen, um die Öle freizusetzen. Dann in einen großen Krug geben. Rum, Limettensaft und die abgemessene Menge Himbeersirup hinzugeben und umrühren.
3. Eiswürfel und frische Himbeeren hinzufügen, dann das Ganze mit dem Prosecco aufgießen. Alles etwas umrühren und in Gläsern mit noch mehr Eis und garniert mit Minze servieren.

SANDWICHES MIT GRILLHÄHNCHEN, TOMATE UND ESTRAGON-AIOLI

Dieses Sandwich ist wahrscheinlich das beste der Welt. Idealerweise grillt man das Hähnchen dafür frisch, anstatt Reste vom Vortag aufzubrauchen. Die krosse Haut und der Saft bewirken einen Unterschied, der dem Gaumen mehr als gefallen wird.

FÜR 6 PORTIONEN

Estragon-Aioli:

2 große, frische Eigelb

1 EL Dijonsenf

1 TL Weißweinessig

1 TL Zitronensaft

2 dicke Knoblauchzehen, zerdrückt

200 ml neutrales Öl

50 ml Olivenöl

2 EL Estragon, fein gehackt

schwarzer Pfeffer aus der Mühle sowie Salz nach Geschmack

Alumette-Pommes:

1–2 große, mehlige Kartoffeln

Erdnussöl zum Frittieren

Meersalzflocken nach Geschmack

Sandwiches:

2 französische Baguettes, je in 3 Stücke geteilt

Salatblätter (optional)

2–3 feine, reife Tomaten, in Scheiben geschnitten und mit etwas Salz gewürzt

1 Hähnchen mit Alufolienkugel gebacken (S. 186), am liebsten noch warm, Fleisch zerpflückt

1. Für die Estragon-Aioli der Methode für Mayonnaise mit Pürierstab (S. 24) folgen. Dabei den englischen Senf durch Dijonsenf ersetzen und zu den Zutaten, die zuerst hineingegeben werden, zerdrückten Knoblauch hinzufügen. Wenn die Masse in die Schüssel umgefüllt ist, den Estragon und viel schwarzen Pfeffer unterrühren. Kosten, ob genug Salz dran ist, und eine Weile stehen lassen, bevor das Sandwich zubereitet wird.
2. Für die Alumette-Pommes die Kartoffel(n) gründlich waschen, die Schale dranlassen, dann mit einem geriffelten Gemüsehobel (oder mit einem Spiralschneider oder sogar auch mit der Hand!) in dicke »Streichhölzer« schneiden. Die Kartoffelstreichhölzer gründlich abspülen, dann 10 Min. in einer großen Schüssel mit kaltem Wasser stehen lassen. Abgießen und sorgfältig mit Küchenpapier abtrocknen.
3. Das Öl in einer hohen, schweren Pfanne auf 175 °C erhitzen. Die Kartoffelstreichhölzer in 2 oder 3 Portionen frittieren, bis sie leicht goldbraun sind und sich im Öl um die Pommes herum wenig tut. Mit einem Schöpflöffel herausnehmen, kurz auf Küchenpapier abtropfen lassen und mit Meersalzflocken vermengen.
4. Die Baguettes dick mit Estragon-Aioli bestreichen, etwas Salat und Tomaten darauflegen und dann so viel Grillhähnchen (und Haut!) sowie Alumette-Pommes hineinstopfen, wie ihr könnt. Die Sandwiches in Pergamentpapier einwickeln und hinaus in die Sonne mit euch!

ZWEI EXZELLENTE KOCHSCHINKENSANDWICHES

Es gibt Kochschinkensandwiches und dann gibt es Kochschinkensandwiches.

FÜR 6 PORTIONEN

Kochschinken (ergibt sehr viel):

2 kg Eisbein mit Knochen
1 große Zwiebel, halbiert
2 Stangen Staudensellerie
1 Bund Blattpetersilie
1 EL schwarze Pfefferkörner
2 Lorbeerblätter
1 Karotte, halbiert

Schinken-Butter-Dressing:

1 gehäufter TL Dijonsenf
1 EL Weißweinessig
2 Schalotten, fein geschnitten
20 Cornichons, zerkleinert
2 EL Kapern, klein geschnitten
2 EL Estragon, fein gehackt
3 EL Blattpetersilie, fein gehackt
4 EL hochwertiges Olivenöl
schwarzer Pfeffer

Ananas-Chutney:

2 EL neutrales Öl
1 TL schwarze Senfsamen
1 Sternanis
1 EL Ingwerwurzel, geschnitten
1 rote Chilischote, ohne Kerne und sehr klein geschnitten
500 g rote Zwiebeln, in Scheiben geschnitten
350 g Ananas, in 1 cm große Würfel geschnitten
1 Apfel, ohne Kernhaus und in 5 mm Würfel geschnitten
6 EL dunkelbrauner Zucker
120 ml Apfelessig
150 ml Wasser
Salz nach Geschmack

Zum Servieren:

Sauerteigbaguettes,. gesalzene Butter und guter Cheddar, in Scheiben

DER KOCHSCHINKEN

1. Die Eisbeine in einen großen Suppentopf oder einen hohen, schweren Bräter geben und mit Wasser bedecken (3 cm). Zum Köcheln bringen, dann die Eisbeine herausnehmen und die Flüssigkeit weggießen. Die Eisbeine mit den restlichen Zutaten wieder in den sauberen Topf geben und erneut mit Wasser bedecken. Zum Kochen bringen, dann die Hitze auf sehr leichtes Köcheln herunterstellen und etwa 3 Std. simmern lassen bzw. so lange, bis das Fleisch sehr weich ist und sich vom Knochen löst.
2. Vom Herd nehmen und eine Weile in der Brühe abkühlen lassen, Eisbeine herausnehmen und das Fleisch grob zerpflücken; Knochen, Haut und alles an Knorpelkram, was ihr nicht essen mögt, entsorgen. Dies ist euer Kochschinken, ihr habt genug für viele Sandwiches gemacht. Die Brühe abseihen und etwas davon zum gezupften Kochschinken geben, falls ihr ihn aufbewahren wollt (hält sich im Kühlschrank bis zu 4 Tage). Die Reste lassen sich für eine ganze Menge leckerer Dinge verwenden (und auch gut einfrieren).

DAS FEINE

1. Alle Dressingzutaten miteinander verrühren und ungefähr 30 Min. beiseite stellen.
2. Die Baguettes mit Butter, gezupftem Kochschinken und viel Dressing belegen, einwickeln und losflitzen zu den anderen.

DER HAWAIIANER

1. Für das Ananas-Chutney das Öl in einem schweren Topf auf mittlerer bis großer Hitze erwärmen und Senfsamen und Sternanis hineingeben. Wenn die Senfsamen knistern, Ingwer und Chili hinzugeben, kurz danach die Zwiebeln. Hitze auf mittlere Stufe reduzieren und etwa 30 Min. lang unter häufigem Umrühren braten, bis die Zwiebeln dunkel, süß und klebrig sind.
2. Ananas- und Apfelstückchen sowie den braunen Zucker hinzugeben und braten, bis die Restflüssigkeit weg ist und alles anfängt, zu karamellisieren. Essig und Wasser hineingießen und leicht mit etwas Salz würzen. Hitze reduzieren und etwa 1 Std. kochen, dabei ab und zu umrühren, bis die Masse dunkel, schwer und glänzend ist. Falls notwendig, ab und zu ein wenig Wasser aufgießen. Vom Herd nehmen und abkühlen lassen. In sterilisierte Gläser füllen. Hält sich bis zu 2 Monate im Kühlschrank.
3. Zum Servieren das Brot großzügig mit Butter bestreichen, dann mit Kochschinken, Chutney und Cheddar belegen.

SCHOTTISCHE EIER NACH KOREANISCHER ART

Würzig, knoblauchig und süß. Wenn die Eier nach dem Kochen in etwas Mehl gewendet werden, bilden sich beim Frittieren keine offenen Stellen.

FÜR 4–6 PORTIONEN

6 große Eier
100 g Mehl
1 TL feines Meersalz
80 g Panko-Paniermehl
2 EL weißer Sesam
1 EL schwarzer Sesam
2 Eier
2 EL Milch
neutrales Öl zum Frittieren

Schweinehackfleischgemisch:

600 g fettes Hackfleisch
2 EL Gochujang (koreanische Chilipaste)
1 gehäufter TL Rohrzucker
1 Knoblauchzehe, gerieben
1 gehäufter TL Ingwer, frisch gerieben
1 TL Gochugaru (koreanische Chiliflocken)
2 Frühlingszwiebeln, fein geschnitten
1½ TL schwarzer Pfeffer aus der Mühle
Salz nach Geschmack

1. In einem großen, flachen Topf Wasser zum Köcheln bringen und die ganzen Eier vorsichtig hineingleiten lassen. 6 Min. kochen, dann abgießen und zum Abkühlen unter fließendem kalten Wasser ein paar Min. abschrecken. Pellen und beiseite stellen.
2. Mehl mit feinem Meersalz in einer flachen Schüssel vermischen und beiseite stellen.
3. In einer großen Schüssel das Schweinehackfleisch mit den anderen Zutaten für den Hackfleischmantel sowie mit einer beherzten Menge Salz sehr gründlich vermengen. Die Masse in 6 gleich große Portionen aufteilen. Eine Portion gleichmäßig auf einem Stück Frischhaltefolie ausbreiten, ein gekochtes Ei in dem gesalzenen Mehl wenden und in die Mitte legen. Das Ei mithilfe der Frischhaltefolie gleichmäßig mit der Fleischmasse ummanteln, dann das Ganze mit den Händen in eine schöne Eiform bringen. Mit den anderen Fleischportionen und Eiern wiederholen, schließlich 30 Min. in den Kühlschrank stellen.
4. In der Zwischenzeit das Panko-Paniermehl mit den beiden Sesamsorten in einer flachen Schale mischen. Die Eier in einer Extra-Schüssel mit der Milch verquirlen. Mit der einen Hand ein kaltes Fleischbällchen im gewürzten Mehl wälzen und mehrmals schütteln, damit das überschüssige Mehl abfällt. Das Bällchen in die Eimischung geben und mit der anderen Hand wenden, um es gleichmäßig zu überziehen. Überschüssige Eimasse in die Schüssel abtropfen lassen, dann das Bällchen in die Sesam-Paniermehl-Mischung geben und mit der »trockenen« Hand wenden, bis es gleichmäßig umhüllt ist. Beiseite legen und mit den anderen Bällchen wiederholen.
5. Das Öl in einer hohen, schweren Pfanne auf 175 °C erhitzen. Die Schottischen Eier portionsweise etwa 5 Min. frittieren bzw. bis das Hackfleisch durchgegart ist und die Bällchen knusprig und schön goldfarben sind. Wenn sie zu schnell dunkel werden, aus dem Öl nehmen und ein paar Min. zum Durchgaren in einen heißen Ofen legen. Auf Küchenpapier abtropfen lassen. Und raus ins Grüne gehen!

벚꽃
너랑 나랑
사이다

Grillen

Den Spieß umdrehen

Die Geschichte muss voll sein von nicht wertgeschätzten Unglücklichen, die in Küchen schufteten, und der Küchenhund ist wohl das beklagenswerteste Wesen von allen. Dieses arme Geschöpf – in Größe und Wuchs dem modernen Corgi recht ähnlich – wurde einzig und allein dafür gezüchtet, in einem großen Hamsterrad bei der Feuerstelle zu laufen. Über diverse Rollen und Seile drehte es im Mittelalter große Fleischspieße über dem Feuer. Oft arbeiteten diese Tiere in Schichten, selbstlos und unermüdlich rannten sie ihr Leben lang, damit zuverlässig gleichmäßig gegrilltes Fleisch auf die Tafeln kam. Das letzte Exemplar eines solchen Küchenhundes – engl. »Turnspitdog«, Spießdrehhund – namens Whisky hat sich seine ewige Ruhe verdient und sitzt nun stolz in einer Vitrine des Abergavenny Museums in Wales.

茶π

KÄSE-KNOBLAUCH-BAGUETTES MIT CHILIHONIG

Für dieses Gericht kann man jeden beliebigen Käse verwenden. Roquefort ist mit dem Chilihonig köstlich; wer aber Blauschimmelkäse nicht mag, kann ihn auch weglassen und die Mischung mit einem anderen Favoriten auffüllen, zum Beispiel mit Parmesan.

FÜR 6 PORTIONEN

Chilihonig:

2 milde rote Chilischoten, in Streifen geschnitten

250 g Honig

Brote:

100 g Parmesan, gerieben

125 g Comté oder Gruyère, gerieben

50 g Roquefort, zerkrümelt (optional)

3 EL Schnittlauch, fein gehackt

2 EL Blattpetersilie, fein gehackt

125 g weiche ungesalzene Butter

50 g Mayonnaise

4 dicke Knoblauchzehen, gerieben

Salz und schwarzer Pfeffer aus der Mühle nach Geschmack

2 knusprige französische Baguettes

1. Für den Chilihonig Chilischoten und Honig in einem kleinen Topf auf geringster Hitze aufsetzen. Das Gemisch ungefähr 1 Std. ziehen lassen und reduzieren, dabei gelegentlich umrühren, dann vom Herd nehmen und abkühlen lassen.
2. Für die Baguettes den Grill vorheizen und zum indirekten Grillen vorbereiten (die meisten heißen Kohlen auf eine Seite schieben).
3. In einer großen Schüssel Käse, Kräuter, Butter, Mayonnaise und Knoblauch gründlich verquirlen. Mit Salz und Pfeffer gut würzen.
4. Die Baguettes über die ganze Länge mit schrägen Schnitten bis fast ganz unten ein-, aber nicht durchschneiden. Mit einer Gabel oder einem Löffel das Käsegemisch auf die beiden Brote verteilen und in die Einschnitte geben. Sorgfältig nach unten drücken, bis alle Einschnitte gut gefüllt sind.
5. Die Baguettes auf mehrere Lagen Folie setzen und die Folie an den Seiten fest anliegend hochfalten, die Oberseite aber unbedeckt lassen. Die Baguettes auf die kältere Seite des Grills legen und den Deckel schließen (falls vorhanden). 15–20 Min. grillen bzw. bis die Baguettes knusprig sind, die Füllung schmilzt und es raucht.
6. Auf den Tisch stellen und mit scharfem Honig besprenkeln.

MAIS: STREETFOOD AUF NACHOS

Elotes sind ein total beliebtes mexikanisches Streetfood und schmecken richtig gut. Mais wird am Straßenrand in der Schale gegrillt und mit einem Klatsch mexikanischer (saurer) Sahne mit Mayonnaise plus Cotija-Käse, Chili und Limettenschnitzen serviert. Diese Nachos sind von der vornehmeren Version ohne Schale und Kolben namens Esquites (wie ein cremiger mexikanischer Maissalat) inspiriert. Sie sind ganz unverhohlen nicht authentisch, aber sehr lecker. Für die vegetarische Fassung das Chili-Rindfleisch weglassen.

FÜR 6 PORTIONEN

1 Bund Frühlingszwiebeln
3 Jalapeño-Chilischoten
4 Maiskolben
1 Spritzer Olivenöl
Salz nach Geschmack
Zesten von 1 Limette
400 g Tortillachips
400 g Rindfleischchili-Reste
300 g Cheddar, gerieben
1 kleine rote Zwiebel, fein geschnitten
Saft von ½ Limette
½ TL Kreuzkümmelsamen, geröstet und gemahlen
50 g Fetakäse, zerkrümelt
türkisches Paprika-Chili-Gewürz (Pul biber) nach Geschmack
1 Handvoll Koriandergrün, fein gehackt

Dressing:

100 g Mayonnaise
200 g Sour Cream
½ Knoblauchzehe, gerieben
Saft von 1 Limette
Salz nach Geschmack

1. Smoker oder Grill sehr heiß vorheizen.
2. Frühlingszwiebeln, Jalapeños und Maiskolben mit etwas Öl einreiben und mit Salz würzen. Unter häufigem Wenden grillen, bis das Gemüse weich und stellenweise geschwärzt ist.
3. Die Körner von den gegrillten Kolben lösen und Frühlingszwiebeln und Chilischoten grob zerkleinern.
4. Die Hälfte der Körner im Mixer pürieren, mit etwas Wasser und etwas Öl verdünnen. Mit Salz würzen und beiseite stellen.
5. Zesten von der gesamten Limette abnehmen (und für später aufbewahren), dann die Limette durchschneiden und die Hälften – mit der Fleischseite nach unten – auf den heißen Grill legen, bis sie schön geschwärzt sind. Beiseite legen.
6. Ein paar Aluschalen nehmen (oder aus eine Doppellage starker Alufolie eine große Schale formen) und in den Boden mehrere Löcher bohren. Die Hälfte der Tortillachips auf den Aluschalen verteilen und mit der Hälfte des Rindfleischchilis (falls verwendet), der Hälfte des geriebenen Käses, der Hälfte der restlichen Maiskörner und der Hälfte der gehackten Chilischoten und Frühlingszwiebeln belegen. Mit der anderen Hälfte der Zutaten wiederholen. Auf die kältere Seite des Grills setzen, den Deckel schließen (falls vorhanden) und etwa 10 Min. überbacken.
7. Unterdessen das Dressing zubereiten. In einer kleinen Schüssel Mayonnaise, Sour Cream und Knoblauch zusammen mit den aufbewahrten Limettenzesten vermengen. Die gegrillte Limette auspressen und Saft dazugeben. Leicht mit Salz würzen und beiseite stellen.
8. In einer kleinen Schüssel die roten Zwiebeln mit dem Limettensaft und dem gerösteten und gemahlenen Kreuzkümmel vermengen.
9. Die Nachos müssten jetzt durcherhitzt, rauchig und feucht-weich sein, stellenweise vielleicht etwas geschwärzt. Pflanzt sie mit Folienschale und allem mitten auf den Tisch und gebt großzügig Sour Cream-Dressing sowie Maispüreetupfen darauf. Die Reste von Dressing und Püree in Schüsseln als Dips auf den Tisch stellen. Das Ganze mit viel zerkrümeltem Fetakäse, türkischem Paprika-Chili-Gewürz, viel Koriandergrün und den pikanten Zwiebeln bedecken. Draufstürzen.

JALAPEÑO-SPECK-SLAW

S. 81

Zwar kommt »Coleslaw« vom niederländischen Wort »koolsla«, was »Weißkohlsalat« bedeutet, aber in unseren Augen ist er so viel mehr als das. Ist es nicht cremig, ist es kein Slaw.

FÜR 4 PORTIONEN

1 mittelgroßer Weißkohl, in feine Streifen geschnitten oder gehobelt

2 EL Zucker

1 TL feines Meersalz

2 große, frische Jalapeño-Chilischoten

12 Scheiben Bauchspeck

50 g eingelegte Jalapeños, abgetropft und grob zerkleinert

3 Stangen Staudensellerie, in Scheiben geschnitten

1 mittelgroße weiße Zwiebel, in feine Scheiben geschnitten

Blätter von 1 kleinem Bund Blattpetersilie

Dressing:

150 g Frischkäse

100 g Mayonnaise

2 EL Weißweinessig

Saft von 1 Zitrone

2 TL Zucker

Salz und schwarzer Pfeffer aus der Mühle nach Geschmack

1. Den Grill sehr heiß vorheizen.
2. Weißkohl in einer Schüssel mit Zucker und Salz vermengen, dann in einen Durchschlag geben und über einer Schüssel 1 Std. stehen lassen.
3. Unterdessen die frischen ganzen Jalapeño-Chilischoten grillen, bis sie rund herum geschwärzt sind. Abkühlen lassen, dann die Kerne entfernen und Schoten in dünne Streifen schneiden. In eine große Schüssel geben und beiseite stellen.
4. Die Speckstreifen auf mittlerer Hitze in einer trockenen Pfanne knusprig braten, dann herausnehmen, grob zerkleinern und in die Schüssel mit den Chilischoten geben.
5. Den restlichen Saft aus dem Kohl pressen und den Kohl mit den zerkleinerten eingelegten Jalapeños, Sellerie, Zwiebel und Petersilie auch in die Schüssel geben.
6. Alle Dressingzutaten zu einer glatten Masse verquirlen, dann auf den Salat geben und gründlich vermengen. Servieren.

SALAT AUS GEGRILLTEN UND GEFÜLLTEN KARTOFFELSCHALEN

S. 84

Die bescheidene Kartoffel und ein paar Zutaten aus dem Vorratsschrank motzen diesen sparsamen und dennoch unheimlich sättigenden »Salat« ganz schön auf. Das ist *der* Beweis, dass – gut gemachte – Beilagen genauso spannend sein können wie Hauptgerichte. Wenn nicht sogar spannender.

FÜR 4 PORTIONEN

1½ kg große Backofenkartoffeln, sauber geschrubbt

8 Frühlingszwiebeln

50 ml Olivenöl

Salz und schwarzer Pfeffer aus der Mühle nach Geschmack

Dressing:

80 g Sour Cream

70 g Mayonnaise

2 TL Weißweinessig

1 EL Olivenöl

1 TL Zucker

Salz und schwarzer Pfeffer aus der Mühle nach Geschmack

Zum Servieren:

10 Scheiben Bauchspeck, in Streifen geschnitten

50 g Schnittlauch, gehackt

125 g Double Gloucester, fein gerieben

1. Die Kartoffeln rund herum mit einer Gabel einstechen. In der Mikrowelle auf hoher Stufe 15–20 Min. garen, nach der Hälfte der Zeit wenden. Alternativ den Backofen auf 200 °C Ober-/Unterhitze (Umluft: 180 °C) vorheizen und die Kartoffeln so lange backen, bis beim Einstechen mit dem Messer kein Widerstand zu spüren ist.
2. Unterdessen den Smoker oder Grill sehr heiß vorheizen.
3. Wenn die Kartoffeln kalt genug zum Anfassen sind, diese halbieren und das Fleisch mit einem Löffel herausholen, dabei eine 5 mm dicke Schicht auf der Innenseite der Schale stehen lassen. Die Schale in Spalten schneiden, dann mit den ganzen Frühlingszwiebeln in eine Schüssel geben. Vorsichtig mit Öl vermengen und mit Salz und Pfeffer würzen.
4. Kartoffelschalen und Frühlingszwiebeln grillen, bis sie überall eine gute Farbe haben und stellenweise etwas geschwärzt sind. Vom Grill nehmen, die Frühlingszwiebeln grob hacken und mit den gegrillten Kartoffelspalten in eine große Schüssel geben.
5. Die Speckstückchen in einer trockenen Pfanne auf mittlerer Hitze knusprig braten, dann vom Herd nehmen und beiseite stellen.
6. In einer Extraschüssel alle Zutaten für das Dressing verquirlen. Über das Grillgemüse in der Schüssel geben und vorsichtig vermengen, damit alles mit Dressing umhüllt ist.
7. Die mit Dressing versehenen Kartoffelschalen und Zwiebeln auf einer Servierplatte anrichten. Mit knusprigem Bauchspeck, Schnittlauch und geriebenem Käse belegen.

Summer
BBQ
KETCHUP

KEBAP MIT GLASIERTEN GRILLWÜRSTCHEN

Trotz Nieselregen und bisweilen schlechtem Essen bewahren wir uns unerschütterlich eine Liebe zu dieser ganzen Grillerei: leicht angekokelte, über Holzkohle gegrillte Würstchen, serviert in einem miesen pappigen Brötchen und mit Ketchup. Das Rezept versucht, diese Erinnerung zu verkapseln und zu kultivieren. Würsten, glasiert mit einer britischen, selbst gemachten Barbecuesoße.

FÜR 6 PORTIONEN

1 EL Pflanzenöl

1 mittelgroße Zwiebel, gerieben

1 Knoblauchzehe, klein geschnitten und zerdrückt

1 großer Kochapfel, geschält und in Stücke geschnitten

200 ml Ruby Port

300 ml Apfelsaft

4 große Rosmarinzweige, über einer Flamme leicht geschwärzt, sowie 1 Extrazweig zum Bepinseln

200 ml Apfelessig

250 g Ketchup

1 EL englischer Senf

150 g Rohrzucker

½ TL Cayennepfeffer

Salz sowie schwarzer Pfeffer

12 hochwertige Würstchen

Baguettes zum Servieren

1. Den Grill vorheizen, bis die Kohlen nicht mehr brennen.
2. In der Zwischenzeit das Öl in einer Pfanne auf niedriger bis mittlerer Hitze erwärmen und Zwiebel und Knoblauch anbraten, bis sie weich und süß sind (etwa 10 Min.). Apfelstücke hinzugeben und etwa 10 Min. kochen, bis beim Einstechen mit der Messerspitze kein Widerstand zu spüren ist. Portwein, Apfelsaft und Rosmarinzweige hinzugeben, Hitze höher stellen und etwa 10 Min. kochen, bis die Flüssigkeit um die Hälfte reduziert ist. Essig, Ketchup, Senf, Rohrzucker und Cayennepfeffer hinzugeben, mit Salz und Pfeffer abschmecken und weitere 10 Min. reduzieren, bis die Soße dick ist.
3. Die Pfanne vom Herd nehmen und Rosmarin entsorgen. Das Gemisch in einen Mixer geben und zu einer glatten Masse verarbeiten. Falls nötig, noch einmal in die Pfanne geben und weiter einkochen.
4. Die Würstchen (bis zu 6 Stück je nach Größe des Grills) auf 2 parallele Fleischspieße stecken (so können sie nicht »rotieren«, wenn ihr den Spieß umdreht).
5. Die Würstchen über der heißen Kohle grillen, bis sie innen durchgegart und außen kross sind, etwa 5–10 Min. je nach Würstchen.
6. Kurz vor Ende der Grillzeit einen Rosmarinzweig in die Soße tunken. Die Würstchen komplett damit einstreichen und über den Flammen weitergrillen, bis sie klebrig sind und lecker aussehen.
7. In Baguettes und mit Soße beträufelt servieren.

Margaritas mit gegrillter Ananas und Chilisoße

Wir servieren diese Margarita in einer ausgehöhlten Ananas, weil, na ja, das macht mehr Spaß. Den Strunk einer Ananas abschneiden und das Fruchtfleisch herausholen. Das wird dann gegrillt. Völlig undramatisch.

FÜR 3–4 PORTIONEN

12–15 Ananasstücke, zerkleinert

2 EL ungesalzene Butter, geschmolzen

2 EL feiner Zucker

150 ml Tequila silver

60 ml Triple Sec

150 ml Ananassaft

75 ml Limettensaft

rund 20 Tropfen Tabascosoße

25 ml Zuckersirup

3 große Schaufeln Eis

1. Smoker oder Grill heiß vorheizen.
2. Die Ananasstücke mit der geschmolzenen Butter einstreichen und mit dem Zucker bestreuen. In den Smoker oder Grill geben und grillen, bis sie goldbraun und karamellisiert sind. Asche entfernen und die Stücke im Kühlschrank abkühlen, sobald sie fertig sind.
3. Die Ananasstücke (ein paar Stücke zum Garnieren zurückbehalten) mit den restlichen Zutaten in einen Mixer geben und zu einer Masse mit schaumig-dickflüssiger Konsistenz verarbeiten.
4. In Gläser gießen und mit den dafür vorgesehenen Ananasstücken, Schirmchen und Strohhalmen garnieren.

BUFFALO BBQ-RIBS

In den Restaurants der original amerikanischen Vorzeige-Restaurantkette »TGI Friday's« werden Babybackribs serviert, auf Deutsch Kotelettrippchen oder Leiterchen genannt. Ihre Barbecuesoße war immer ein bisschen scharf, unserer nicht unähnlich. Ihr könnt diese Rippchen auf jede Art und Weise zubereiten, die euch schmeckt, aber diese Erst-Ofen-dann-Grill-Methode ist der Knaller. Kauft aber unbedingt hochwertige, fette Rippchen.

FÜR 4 PORTIONEN

2 x 1 kg Kotelettrippchen (Leiterchen)

1 EL Knoblauchpulver

1 EL Rauchpaprikapulver

1½ EL Paprika

3 EL brauner Zucker

1½ TL Fenchelsamen, grob gemahlen

1½ EL feines Meersalz

2 EL schwarzer Pfeffer, grob gemahlen

75 g ungesalzene Butter

250 ml Barbecuesoße

250 ml Chilisoße

2 EL Honig

1. Den Ofen auf 150 °C Ober-/Unterhitze (Umluft: 130 °C) vorheizen.
2. Die Silberhaut oder Membran von der Unterseite der Rippchen entfernen und Rippchen mit Küchenpapier trocken tupfen.
3. Knoblauchpulver, die beiden Paprikapulver, braunen Zucker, gemahlene Fenchelsamen, Salz und schwarzen Pfeffer in einer Schüssel vermengen, dann die Rippchen großzügig damit bedecken.
4. Beide Leiterchen in eine große Grillpfanne geben und fest mit Alufolie zudecken. 2 Std. im Ofen backen, bis sie weich sind, aber noch (gerade so) in Form bleiben; dann aus dem Ofen nehmen.
5. Die Butter in einem kleinen Topf schmelzen, dann Barbecuesoße, Chilisoße und Honig hinzugeben und durcherhitzen. Mit einem Pürierstab zu einer farblich helleren Emulsion verarbeiten.
6. Smoker oder Grill sehr heiß vorheizen.
7. Die Rippchen großzügig mit der Soße beträufeln und auf (oder unter) den heißen Grill legen, 2 Min. grillen, dann wenden und die andere Seite beträufeln. Mehrmals wiederholen, bis die Glasur karamellisiert ist und die Rippchen sich leicht voneinander lösen lassen.
8. Die Leiterchen auf ein Brett legen, zerteilen und servieren!

PANZANELLA MIT GEGRILLTER NEKTARINE UND BURRATA

Burrata rundet dieses klassische Rezept für Panzanella – Brotsalat – ab, und zwar so, wie nur eine mächtige, mit Sahne gefüllte Käsekugel es kann. Absolut perfekt, um sich an einem Sommertag in die spirituelle Heimat der Panzanella zu träumen, die Toskana.

FÜR 3–4 PORTIONEN

2 große rote Paprikaschoten

2 große gelbe Paprikaschoten

4 Nektarinen, ohne Kerne und in Schnitze geschnitten

4½ EL Olivenöl

400 g festes, hochwertiges (Weiß-)Brot vom Vortag, in Scheiben geschnitten

2 EL plus 1 TL Rotweinessig

1 rote Zwiebel, in dünne Scheiben geschnitten

1 EL feiner Zucker

Saft von 1 Zitrone

1 Knoblauchzehe, klein geschnitten und zerdrückt

500 g reife gemischte Tomaten, in Schnitze geschnitten

1 große Handvoll Basilikum, grob zerpflückt

Salz sowie schwarzer Pfeffer aus der Mühle nach Geschmack

3 Burratas zum Servieren

1. Den Grill vorheizen, bis die Kohle nicht mehr brennt, sondern weiß geworden ist.
2. Die Paprikaschoten mit Haut grillen, bis sie vollständig ringsherum schwarz sind, dann in eine Schüssel geben, mit Frischhaltefolie abdecken und ein paar Min. dampfen lassen. Wenn sie so weit abgekühlt sind, dass man sie anfassen kann, die geschwärzte Haut abziehen, die Schoten in dicke Scheiben schneiden und beiseite stellen.
3. In einer Schüssel die Nektarinenschnitze mit 1½ EL des Olivenöls vermengen, bis sie gut umhüllt sind. Die Schnitze grillen, bis sie etwas geschwärzt sind, dann beiseite stellen.
4. Mit den Fingern die Brotscheiben mit 2 EL des Rotweinessigs besprenkeln, dann auf dem Grill rösten und beiseite stellen.
5. In einer großen Schüssel die rote Zwiebel mit Zucker und Zitronensaft vermischen und zum Weichwerden etwa 20 Min. stehen lassen.
6. Den verbliebenen TL Rotweinessig, die restlichen 3 EL Olivenöl und den Knoblauch zu den Zwiebeln geben, dann die vorbereiteten Paprikastreifen, Tomaten mit Saft, gegrillte Nektarinenschnitze und Basilikum hinzufügen. Das geröstete Brot in grobe Stücke zerreißen und dem Mix hinzufügen, vermengen und mit Salz und Pfeffer abschmecken.
7. Den Salat auf eine große Platte geben und die Burrata-Kugeln darüber zerpflücken; nach Belieben mit noch etwas mehr Olivenöl besprenkeln.

Sporttag

Schnellbetankung

Angesichts all dessen, was wir über die Fastfood-Industrie wissen, würde man meinen, dass die Spitzensportler der Welt gut daran täten, Fastfood-Produkten aus dem Weg zu gehen. Wie sich zeigt, hat sich eine erschreckend hohe Zahl von Elitesportlern auf dem Weg zum Erfolg fast ausschließlich auf die Unterstützung von Fastfood-Giganten verlassen. 2008 rannte Usain Bolt für olympischen Ruhm, betankt durch täglich über hundert Chicken McNuggets von einer Pekinger »McDonald's«-Filiale. Hinzu kamen Dutzende Packungen Pommes und gelegentlicher Apfelkuchen. Bei denselben Spielen hat der Schwimmer Ryan Lochte vier Medaillen gewonnen, indem er Frühstück, Mittag und Abendessen bei den »Golden Arches« gegessen hat. Der legendäre NFL-Footballspieler Chad Johnson hat angeblich sein ganzes Leben als treuer Anhänger der »McDonald's«-Diät verbracht.

SANDWICHES MIT SIZILIANISCHEN FLEISCHBÄLLCHEN

Ein bisschen süß, sehr knoblauchig und durch den schwarzen Pfeffer sehr scharf: So schmecken die alleroberleckersten Fleischbällchen. Der kalte Käse und das eingeweichte Brot halten sie zart, es ist aber wichtig, die Mischung nicht zu sehr zu bearbeiten. Wir mögen sie auch recht groß und gegrillt, denn durch Braten können Fleischbällchen austrocknen. Wer nicht gern Sandwiches isst: Sie schmecken auch sehr gut zu Pasta.

FÜR 4–6 PORTIONEN

Soße:

2 EL Olivenöl

2 Knoblauchzehen, in dünne Scheiben geschnitten

150 ml Rotwein

3 Dosen (à 400 g) hochwertige Pflaumentomaten, zerkleinert

100 g ungesalzene Butter

1 mittelgroße Zwiebel, halbiert

1 TL weißer Zucker

Salz nach Geschmack

Fleischbällchen:

4 Scheiben Weißbrot ohne Kruste

1 große Zwiebel

500 g Rinderhackfleisch

500 g Schweinehackfleisch

1½ EL Meersalzflocken

1½ EL schwarzer Pfeffer

2 TL ganze Fenchelsamen, grob gemahlen

1 großes Ei sowie 1 großes Eigelb

6 Knoblauchzehen, zerdrückt

40 g Pinienkerne, geröstet

60 g Rosinen, grob zerkleinert

60 g kalter Parmesan, gerieben

1 Handvoll frischer Oregano oder Majoran (die Blätter), fein gehackt

Zum Servieren:

knusprige Baguettes oder Baguettebrötchen

gesalzene Butter

frischer Rucola

Parmesan, gerieben

1. Für die Soße das Olivenöl in einer Pfanne auf mittlerer Hitze erwärmen, Knoblauch hineingeben und anbraten, bis er langsam Farbe bekommt. Rotwein hinzugeben und bei großer Hitze reduzieren, bis er fast vollständig verdampft ist, dann alle anderen Soßenzutaten hineingeben. Zum Köcheln bringen, die Hitze auf niedrige Stufe stellen und etwa 1 Std. lang kochen, bis sich das Fett abscheidet und die Soße gut schmeckt. Falls nötig nachwürzen.
2. Unterdessen die Fleischbällchen zubereiten. Das Brot in kleine Stücke reißen oder schneiden und auf den Boden einer großen, breiten Schüssel legen. Die Zwiebel grob darüber reiben und beides gut vermengen. Von der Zwiebel sollte genug Flüssigkeit zum Befeuchten der Brotstückchen kommen; wenn nicht, etwa 1 TL Wasser hinzugeben. 10 Min. ruhen lassen, dann je ein Drittel der beiden Hackfleischsorten sowie Salz, schwarzen Pfeffer, gemahlene Fenchelsamen, ganzes Ei und Eigelb und Knoblauch hinzugeben. Gründlich vermengen, bis alles sich gut verteilt hat, es sollte eine teigige, feuchte Masse sein. Das restliche Fleisch und Pinienkerne, zerkleinerte Rosinen, Parmesan und frische Kräuter hinzugeben. Vermengen, bis alles dieselbe Farbe und sich gerade gut vereint hat, aber möglichst nicht »überkneten«.
3. Den Backofen auf hoher Stufe vorheizen, Grillfunktion einstellen und ein Backblech mit Pergamentpapier auslegen.
4. Aus der Fleischmasse 12–14 große Fleischbällchen formen und auf das vorbereitete Blech legen, dann unter den Grill schieben (es sollten 5 cm Abstand zum Heizelement sein). Die Bällchen von jeder Seite 6–8 Min. grillen bzw. bis sie rundum eine gute Farbe angenommen haben (keine Sorge, falls ein paar Pinienkerne etwas angesengt werden). Jetzt sollten die Fleischbällchen fast gar sein.
5. Die Fleischbällchen in die Pfanne mit der Tomatensoße geben und ein paar Min. bei geringer Hitze köcheln, damit sie vollständig durchgaren. Ruhig mal testen, ob sie durch sind – sie verzeihen zwar einiges, aber wenn sie zu lange in der Soße gekocht werden, sind sie knüppelhart.
6. Wenn die Fleischbällchen in einem Sandwich gegessen werden sollen, das Brot großzügig mit Butter bestreichen, dann mit Fleischbällchen, Rucola, etwas Extrasoße und einer Menge Parmesan füllen.

HÄHNCHEN-MOZZARELLA-STICKS JÄGERART

In Großbritannien gehören zum Hunter's Chicken, dem Hähnchen nach Jägerart: Barbecuesoße, Bauchspeck, Cheddar und natürlich Hähnchen. Verwirrenderweise haben Frankreich und Italien eigene Versionen von Hähnchen nach Jägerart, und beide haben nichts mit unserer Version zu tun. Die ist von dem gegrillten Hähnchen-Sandwich »BBQ Chicken Melt« inspiriert, das man in den Lokalitäten der Pub-Kette »Wetherspoon« bekam.

FÜR 4 PORTIONEN

3 Hähnchenbrüste, gekocht und zerzupft

250 ml Barbecuesoße

150 g durchwachsener Speck, klein geschnitten

100 g reifer Cheddar, gerieben

100 g Mozzarella, gerieben

Salz nach Geschmack plus 1 TL

schwarzer Pfeffer aus der Mühle nach Geschmack

100 g Mehl

1 TL Cayennepfeffer

1 TL Knoblauchpulver

3 Eier, mit etwas Milch aufgeschlagen

120 g feines Paniermehl

neutrales Öl zum Frittieren

1. Das zerkleinerte Hähnchenfleisch mit der Barbecuesoße vermengen.
2. Den Speck in einer trockenen Pfanne knusprig anbraten, dann das Fett abgießen. Den Speck etwas abkühlen lassen, dann zum Barbecuesoße-Fleisch-Gemisch geben. Den Käse hinzufügen und vermischen, nun mit Salz und Pfeffer abschmecken. Die Masse in eine mit Frischhaltefolie ausgelegte Kastenform drücken. Die Oberfläche mit Frischhaltefolie bedecken und 2 Std. in den Gefrierschrank stellen, bis die Masse fest wird.
3. Wenn die Masse gefroren ist, aus dem Gefrierschrank nehmen und etwas antauen lassen, dann auswickeln. Den Block in ungefähr 12 Sticks in Fischstäbchengröße schneiden.
4. Das Mehl in eine flache, breite Schüssel geben und mit Cayennepfeffer, Knoblauchpulver und 1 TL Salz würzen. Die aufgeschlagenen Eier in eine Extraschüssel geben, das Paniermehl ebenfalls.
5. Die Sticks einzeln in das Mehl tauchen, überschüssiges Mehl abschütteln, dann in die Eimischung – Überschuss abtropfen lassen – und zum Schluss im Paniermehl wälzen, damit sie gut umhüllt sind.
6. Das Öl in einer hohen, schweren Pfanne auf 180 °C erhitzen. Die panierten Sticks in 3–4 Min. portionsweise knusprig braten. Mit einem Schöpflöffel herausnehmen und kurz auf Küchenpapier abtropfen lassen.

TERIYAKI-RINDFLEISCHBURGER

S. 95

Dunkel und mit dem berauschend-exotischen Aroma des chinesischen Fünf-Gewürze-Pulvers versehen: Die Burgerbrötchen mit langsam gegartem, glasiertem Rindfleisch sind ideal für das große Futtern mit euren sportverrückten Kumpels. Ursprünglich kommt diese Kochmethode aus Japan, unser Teriyaki tendiert allerdings mehr zur amerikanisierten Version, die heute in der ganzen Welt populär ist.

FÜR 6 PORTIONEN

Rindfleischburger:

3 EL Erdnussöl

1,2 kg Rindergulasch, die Stücke 4 cm groß

1 EL Sesam

3 Knoblauchzehen, klein geschnitten und zerdrückt

50 g frischer Ingwer, in feine Würfelchen geschnitten

1½ EL chinesisches Fünf-Gewürze-Pulver

Salz nach Geschmack

500 ml Rinderbrühe

1 EL dunkle Sojasoße

1 EL helle Sojasoße

1 EL Sesamöl

2½ EL feiner Zucker

2 EL Maismehl (Maisstärke)

1 TL Wasser

8 weiche Burgerbrötchen

Slaw:

¼ Rotkohl, fein geraspelt (wer hat, nimmt einen Gemüsehobel)

1 große Karotte, fein geraspelt

1 Apfel, mit Schale, fein geraspelt

4 Frühlingszwiebeln, schräg in feine Ringe geschnitten

1 mittelgroße rote Chilischote, ohne Kerne und in Streifen geschnitten

170 g Mayonnaise

Saft von 1½ Limetten

½ TL Salz

1 große Handvoll Koriandergrün, gehackt

1. 2 EL des Öls in einer großen, schweren Sautierpfanne (vorzugsweise mit Deckel) bei großer Hitze erwärmen und das Rindfleisch zügig scharf anbraten, bis es rundum Farbe angenommen hat. Das geht wahrscheinlich nur portionsweise. Aus dem Topf nehmen und in einer Schüssel beiseite stellen.
2. Das restliche Öl in den Topf geben, dann die Temperatur niedrig stellen. Sesam anbraten, bis er beginnt, sich golden zu färben, dann Knoblauch und Ingwer hinzugeben und 30 Sek. braten, bis sie duften.
3. Das Fleisch wieder in den Topf geben, das chinesische Fünf-Gewürze-Pulver und Salz unterrühren, die Brühe darübergießen und gerade so zum Köcheln bringen. Etwa 3 Std. ganz leise kochen lassen, bis das Fleisch weich ist. Falls der Topf trocken wirkt, Wasser hinzugeben. Gelegentlich umrühren.
4. Wenn das Fleisch fertig ist, wieder zum Köcheln bringen und die Sojasoßen, Sesamöl und Zucker hinzugeben. In einer kleinen Schüssel Maismehl und Wasser vermischen und zur Soße geben, dann umrühren, um das Ganze bei leichtem Köcheln anzudicken.
5. In der Zwischenzeit alle Zutaten für den Slaw in einer großen Schüssel miteinander vermengen und beiseite stellen.
6. Die Burgerbrötchen toasten und jedes mit Teriyaki-Rindfleisch und dann mit Slaw füllen. Warm servieren.

TEIGBÄLLCHEN MIT CHEESEBURGER-FÜLLUNG

S. 98

Die ursprüngliche Herkunft des Burgers ist schwierig festzustellen; manche sagen, er stamme aus Hamburg, andere meinen, er komme aus den guten alten USA. Wer nun zuerst die Idee hatte, das sei jetzt einfach mal dahingestellt. Entscheidend ist: Er ist und bleibt hier, in guten wie in schlechten Zeiten – Hackfleisch im Brötchen hat die Welt erobert. Unsere Abwandlung sieht so aus, dass wir die Geschmäcker des Cheeseburgers in einen der weichsten Hefeteige verpacken, den ihr je gekostet habt. Der perfekte Appetizer vor dem Match.

FÜR 6 PORTIONEN

1 x Rezept für Milchbrötchen (S. 20)

2 TL Pflanzenöl

8 dicke Scheiben durchwachsener Speck, klein geschnitten

450 g Rinderhackfleisch

2 Knoblauchzehen, klein geschnitten und zerdrückt

1 EL Mehl

500 ml Rinderbrühe

24 Würfel (à 1 cm) Double Gloucester oder Cheddar

1 Ei

2 TL Milch

½ TL Salz

Sesam, zum Bestreuen

Burgersoße, zum Servieren

Salz und schwarzer Pfeffer aus der Mühle nach Geschmack

1. Zuerst den Milchbrötchenteig laut Schritt 1 bis 4 vom Rezept auf S. 20 zubereiten (er braucht mindestens 1 Std. zum Gehen).
2. Das Öl in einer Pfanne auf mittlerer Hitze erwärmen, den Speck hineingeben und in etwa 5 Min. knusprig braten. Die Hitze höherstellen, das Rindfleisch hinzugeben und mit einem Holzlöffel zerkleinern. Etwa 10 Min. braten, bis es gut gebräunt ist und stellenweise anfängt, kross zu werden. Die Hitze etwas reduzieren, dann Knoblauch einrühren und etwa 1 Min. braten, bis er aromatisch wird. Das Mehl einstreuen und umrühren; das Fleisch umhüllen und etwa 2 Min. braten, bis das Mehl goldbraun ist.
3. Rinderbrühe hinzufügen und gut würzen. Zum Köcheln bringen und unter mehrmaligem Umrühren etwa 20 Min. kochen, bis das Gemisch eingekocht und dickflüssig ist. Vom Herd nehmen und vollständig erkalten lassen.
4. Den Milchbrötchenteig in 24 Stücke aufteilen (je etwa 30 g) und zu Bällchen formen. Den Teig mit einem Tuch bedecken, während die einzelnen Bällchen geformt werden, damit er nicht austrocknet.
5. Die Teigbällchen zu einer etwa 2 cm dicken Scheibe flach drücken. Jeweils 1 EL Rindfleischgemisch in die Mitte setzen, dann 1 Käsewürfel hineindrücken. Den Teig vom Rand aus nach innen um die Füllung herumlegen und in der Mitte zum Verschließen zusammendrücken.
6. Ein Backblech mit fettdichtem Papier auslegen, dann die gefüllten Bällchen auf dem Blech zurechtlegen und immer ein bisschen Platz zwischen ihnen lassen. Mit einem Tuch oder mit Frischhaltefolie abdecken und rund 30 Min. beiseite stellen, bis sie zu doppelter Größe aufgegangen sind.
7. Unterdessen den Ofen auf 180 °C Ober-/Unterhitze (Umluft: 160 °C) vorheizen.
8. Ei, Milch und Salz verquirlen. Die Brötchen vorsichtig und gleichmäßig damit bestreichen und dann mit Sesam bestreuen.
9. Die Brötchen 15–18 Min. goldbraun backen, dabei das Blech nach der Hälfte der Zeit drehen.
10. Die Brötchen mit eurer Lieblings-Burgersoße servieren und genießen!

DREIERLEI MINI-TACOS

Wenn winzig kleine Tacos nicht »Ich schaue Sport« schreien, welches Essen tut es dann?

FÜR 4–6 PORTIONEN

Für die Mini-Pizza-Tacos:

6–7 Tortillas, Ø 25 cm

125 g Butter, geschmolzen

1 TL Knoblauchpulver

1 TL getr. Oregano

225 g Fertig-Pizzasoße

170 g Mozzarella, gerieben

rund 50 Pepperonistreifen

Für die Mini-Hähnchen-Fajita-Tacos:

6–7 Tortillas, Ø 25 cm

125 g ungesalzene Butter, geschmolzen

3 EL Fajita-Gewürzmischung

2 TL Pflanzenöl

1 Zwiebel, fein gewürfelt

je ½ rote, gelbe und grüne Paprikaschote, fein gewürfelt

250 g gegartes Hähnchenfleisch, klein geschnitten

225 g Frischkäse

140 g Cheddar, gerieben

gehackte Blattpetersilie zum Bestreuen

Für die Mini-Buffalo-Hähnchen-Tacos:

6–7 Tortillas, Ø 25 cm

125 g ungesalzene Butter, geschmolzen

100 ml Chilisoße

½ TL Knoblauchpulver

½ TL Rauchpaprikapulver

250 g gegartes Hähnchenfleisch, klein geschnitten

125 g Frischkäse

1 Frühlingszwiebel, sehr klein geschnitten

½ TL feines Meersalz

90 g Mozzarella, gerieben

2 EL Schnittlauch, fein gehackt

1. Den Ofen auf 200 °C Ober-/Unterhitze (Umluft: 180 °C) vorheizen.
2. Aus jeder Tortilla mit einem Teigrad je 4–5 Kreise mit einem Ø von 7,5 cm ausschneiden; insgesamt 25–30 Kreise.

MINI-PIZZA-TACOS

1. In einer Schüssel Butter, Knoblauchpulver und Oregano mischen.
2. Jede Mini-Tortilla mit dem Buttergemisch umhüllen.
3. Eine Muffin- oder Cupcakeform verkehrt herum aufstellen und die Tacos so zwischen die einzelnen Kegel stecken, dass sie die gebogene Form bekommen. 6–7 Min. backen, bis sie gerade goldbraun sind. Aus dem Ofen nehmen und abkühlen lassen.
4. Alle Tacoschalen mit einem Löffel Pizzasoße füllen und geriebenen Mozzarella sowie Pepperonistreifen darauflegen. Auf dem Backblech anordnen und 5–6 Min. backen, bis der Käse geschmolzen ist.

MINI-HÄHNCHEN-FAJITA-TACOS

1. In einer Schüssel Butter und die Hälfte des Fajita-Gewürzes vermischen.
2. Jede Mini-Tortilla mit dem Buttergemisch umhüllen.
3. Eine Muffin- oder Cupcakeform verkehrt herum aufstellen und die Tortillas so zwischen die einzelnen Kegel stecken, dass sie die gebogene Form bekommen. 6–7 Min. backen, bis sie gerade goldbraun sind. Aus dem Ofen nehmen und abkühlen lassen.
4. Das Öl auf mittlere Hitze in einer Pfanne erhitzen, Zwiebel und Paprika hineingeben und unter ständigem Rühren 10–15 Min. braten, bis sie karamellisiert sind. Vom Herd nehmen und abkühlen lassen.
5. In einer großen Schüssel das gezupfte Hähnchenfleisch mit den gebratenen Paprika und der Zwiebel, dem restlichen Fajita-Gewürz, Frischkäse und drei Vierteln des Käses vermengen.
6. Alle Tacos mit der Hähnchenfleischmischung füllen und mit Käse bestreuen. Auf einem Backblech anordnen und 5–6 Min. backen, bis der Käse geschmolzen ist. Mit gehackter Petersilie bestreuen.

MINI-BUFFALO-HÄHNCHEN-TACOS

1. In einer Schüssel die Butter mit 3 EL Chilisoße, Knoblauchpulver und Rauchpaprikapulver vermischen.
2. Alle Mini-Tortillas mit dem Buttergemisch umhüllen.
3. Eine Muffinform verkehrt herum aufstellen und die Tortillas so zwischen die Kegel stecken, dass sie die gebogene Form bekommen. 6–7 Min. backen. Aus dem Ofen nehmen und abkühlen lassen.
4. In der Zwischenzeit Hähnchen, Frischkäse, Frühlingszwiebel, Salz und die restliche Chilisoße in einer Schüssel vermengen.
5. Alle Tacos mit einem Löffel der Hähnchenfleischmischung füllen und mit einer Prise Mozzarella bestreuen. Auf einem Backblech anordnen und 5 Min. backen. Mit Schnittlauch bestreuen – und reinhauen!

PULLED PORK MIT FÜNF-GEWÜRZE-PULVER

Die besten selbst gemachten chinesischen Fünf-Gewürze-Mischungen enthalten oft mehr als fünf Gewürze. Welches ihr auch nehmt, wichtig ist – ganz besonders bei diesem Rezept –, eine »lakritzige« Mischung zu haben, weil das mit Schweinefleisch wirklich umwerfend gut schmeckt.

FÜR 6 PORTIONEN

1 EL Szechuan-Pfefferkörner
2 TL schwarze Pfefferkörner
5 cm Zimtstange, in Stücke gebrochen
2 EL Fenchelsamen
2 Sternanis, in Stücke gebrochen
2 TL Anissamen (optional)
1½ EL feines Meersalz
2 EL Rohrzucker
1 TL gem. Ingwer
2–2½ kg obere Schweineschulter mit Knochengelenk am Stück, Haut und etwas Fett entfernt

Zum Servieren:

Burgerbrötchen, aufgeschnitten und getoastet
frische Kräuter, Soßen, eingelegtes Gemüse oder Slaw (was ihr mögt)

1. Den Ofen auf 220 °C Ober-/Unterhitze (Umluft: 200 °C) vorheizen.
2. Szechuan-Pfefferkörner, schwarze Pfefferkörner, Zimtstücke, Fenchelsamen und Sternanis in einer trockenen gusseisernen (oder schweren) Pfanne rösten, bis sie anfangen zu rauchen. Abkühlen, dann mit den Anissamen (falls verwendet) mischen und im Mörser bzw. in einer Gewürzmühle zu einem groben Pulver verarbeiten. Dann mit Salz, Zucker und gemahlenem Ingwer mischen. Die Gewürzmischung von allen Seiten ins Fleisch einmassieren.
3. Das Fleisch mit der Fettseite nach oben in einer großen Backofenpfanne auf das Gitter im Ofen stellen und 25–30 Min. grillen bzw. bis das Fleisch überall eine gute Farbe angenommen hat (nicht anbrennen lassen). Aus dem Ofen nehmen, die Hitze reduzieren auf 120 °C (Umluft: 100 °C) und warten, bis diese Temperatur erreicht ist. Die Backofenpfanne mit Alufolie abdecken und dabei so viel Platz lassen, dass der Dampf zirkulieren kann. Das Fleisch wieder in den Ofen geben und backen, bis es quasi vom Knochen fällt. Dies müsste ungefähr 6 Std. dauern, nach 5 Std. aber ruhig schon mal prüfen. Die Innentemperatur der Schweineschulter sollte auf einem Fleischthermometer 90 °C erreichen, wenn es fertig ist.
4. Aus dem Ofen nehmen, Folie entsorgen und Hitze hochstellen auf 230 °C Ober-/Unterhitze (Umluft: 210°C). Das Fleisch für etwa 10 Min. in den Ofen geben, damit es schön kross wird.
5. Das Fleisch 30 Min. abgedeckt außerhalb des Ofens ruhen lassen, dann in grobe, mundgerechte Stücke zupfen (nicht zu klein, sonst wird es weich und unangenehm zu essen). Mit dem Saft vom Braten und/oder Ruhen begießen.
6. Die getoasteten Burgerbrötchen mit dem Fleisch belegen und mit Beilagen eurer Wahl krönen.

Biergroni

S. 98

Das Rezept ist für einen einzigen Drink, aber wir ermuntern euch ausdrücklich, mehr herzustellen. Auch falls du das Spiel allein schaust, solltest du mindestens die doppelte Menge zubereiten.

FÜR 1 BIERGRONI

25 ml Gin
25 ml süßer Wermut
25 ml Campari
25 ml Orangensaft
Eiswürfel
etwa 100 ml IPA-Bier
1–2 Orangenscheiben

1. Gin, Wermut, Campari und Orangensaft mit einer Portion Eiswürfel in einen Cocktailshaker geben und mindestens 10 Sek. lang kräftig schütteln.
2. Den Cocktail mit einem Cocktailsieb oder einem feinen Sieb zweifach abseihen und über einige frische Eiswürfel in ein kurzes Glas geben.
3. Das Glas bis an den Rand mit Bier aufgießen und mit 1 oder 2 Orangenscheiben garnieren.

5
9

BRÖTCHEN UND DIPS VOM BLECH

Nur ein eigener Pool oder eine eigene Brauerei könnten diesen Party-Starter toppen. Passt auch prima, wenn unter euren Freunden Vegetarier sind.

FÜR 4–6 PORTIONEN

1 x Milchbrötchen-Rezept (S. 20)

etwas Butter oder Öl für das Backblech

1 Ei

½ TL feines Meersalz

1 TL Wasser

Buffalo-Hähnchendip:

225 g Frischkäse, weich gerührt

500 g Hähnchenfleisch, gegart und zerkleinert

115 g Chilisoße

115 g Sour Cream

1 Knoblauchzehe, gehackt

1 EL Schnittlauch, gehackt

Salz und schwarzer Pfeffer aus der Mühle nach Geschmack

70 g Double Gloucester, gerieben, zum Überbacken

Spinat-Artischocken-Dip:

225 g Frischkäse, weich gerührt

125 g Mayonnaise

125 g Sour Cream

30 g Parmesan, gerieben

125 g Artischocken aus der Dose, klein geschnitten

125 g TK-Spinat, aufgetaut, abgetropft und zerkleinert

1 Knoblauchzehe, gehackt

Salz sowie schwarzer Pfeffer aus der Mühle nach Geschmack

225 g Mozzarella, gerieben, zum Überbacken

1. Zuerst den Milchbrötchenteig wie in Schritt 1–4 im Rezept auf S. 20 zubereiten (muss mindestens 1 Std. gehen).
2. Ein 33 x 43 cm großes Backblech mit hohem Rand einfetten und mit Backpapier auslegen.
3. In getrennten Schüsseln jeweils alle Zutaten bis auf den Käse ganz unten auf den Listen für einen Dip vermengen. Darauf achten, dass jeweils alles gründlich miteinander vermischt ist, und abschmecken.
4. Milchbrötchenteig aufteilen, zu Kugeln mit einem Ø von gut 4 cm formen (etwa so groß wie ein Golfball) und ringsherum am Rand des Bleches sowie einmal quer über die Mitte anordnen; es entstehen zwei Rechtecke.
5. Je eine Dipmischung in eines der freien »Felder« geben und die Oberfläche glatt streichen.
6. Den Buffalo-Hähnchendip mit Double Gloucester und den Spinat-Artischocken-Dip mit Mozzarella belegen.
7. Das Ei mit Salz und Wasser verquirlen, dann die Teigbälle damit bepinseln. Mit Frischhaltefolie abdecken und für 20 Min. zum Gehen an einen warmen Ort stellen.
8. In der Zwischenzeit den Ofen auf 180 °C Ober-/Unterhitze (Umluft: 160 °C) vorheizen.
9. 15–20 Min. backen, bis die Teigbälle goldbraun sind und die Dips »blubbern«.

Curry-Abend

Die Kunst des Currys

Intensiv und aromatisch ist die Liebesbeziehung der Engländer zum Curry. Sie währt schon seit dem Mittelalter, als durch den Handel allmählich betörende Gewürze aller Art auf der Insel eintrafen. In einem der ältesten englischen Rezeptbücher, *The Forme of Cury* (enttäuschenderweise bedeutet »Cury« im Mittelenglischen lediglich »Kochkunst« oder »Kochbuch« und bezeichnet nicht den Aufstrich für indisches Naan-Fladenbrot, den die Briten heute kennen und so sehr mögen), sehen wir die Ursprünge dieser köstlich gewürzten Gerichte, die die moderne britische Gesellschaft so sehr schätzt. In einem Rezept sollen Kaninchen zerkleinert, von allen Seiten in Schmalz gebräunt, dann zunächst beiseite gestellt werden. Nun wird ein Zwiebelpüree mit Essig, Zucker, Zimt, Ingwer und Muskat zubereitet und gekocht. Dann kommen die Kaninchenstücke in die Soße und werden sanft darin geschmort, bis sie mit einem Schuss Sahne kredenzt werden.

BUTTER-HÄHNCHEN

Butter-Hähnchen – oder Murgh Makhani – ist ein weltberühmtes Gericht aus dem Punjab. Es wurde im Moti Mahal in Delhi erfunden, um Reste von Tandoori-Hähnchen zu verarbeiten. Es schmeckt wirklich toll.

FÜR 4–6 PORTIONEN

Hähnchen/Marinade:

6 Knoblauchzehen, geschält
5 cm frischer Ingwer, geschält
etwas Salz
3 Hähnchenbrüste, in Streifen geschnitten
Saft von ½ Zitrone
1 TL Kashmiri-Chilipulver (mild)
½ TL Kurkuma, gerieben
2 EL dicker griechischer Joghurt
1 EL Pflanzenöl/Erdnussöl
1½ TL Meersalzflocken

Soße:

5 EL neutrales Öl
6 grüne Kardamomkapseln
2 getr. Lorbeerblätter
3 cm Zimtstange
½ TL Kreuzkümmelsamen
1 Zwiebel, sehr klein geschnitten
1 gute Prise Salz
2 EL Ingwer-Knoblauchpaste
1½ TL süßes Rauchpaprikapulver
½ TL gem. Kurkuma
1 EL gem. Kreuzkümmel
1½ TL gem. Koriander
60 g Tomatenmark, mit 3 EL Wasser verdünnt
1 grüne Chilischote, in Streifen geschnitten
250 ml pürierte frische Tomaten oder passierte Tomaten
200 ml Konditorsahne oder Sahne
50 g ungesalzene Butter
2 EL Honig bzw. nach Geschmack
1 Handvoll Koriandergrün, fein gehackt
1 TL getr. Bockshornkleeblätter
Zitronensaft nach Geschmack

1. Im Mörser Knoblauch und Ingwer mit etwas Salz zu einer glatten Paste zerstoßen, dann in eine große Schüssel geben; 2 EL in einer Extraschale aufbewahren – sie kommen später in die Soße.
2. Das Hähnchen mit den restlichen Marinade-Zutaten zur Ingwer-Knoblauch-Paste geben und gründlich vermengen. Bei Zimmertemperatur abgedeckt 1–1½ Std. marinieren (nicht länger!).
3. Für die Soße eine hohe beschichtete Pfanne auf mittlerer bis großer Hitze erwärmen. Das Öl in die heiße Pfanne geben, dann die nicht gemahlenen Gewürze dazugeben und etwa 30 Sek. lang in das heiße Öl einrühren, bis sie anfangen, sich farblich zu verändern. Nun die Zwiebel und eine gute Prise Salz hinzugeben. Unter häufigem Umrühren kochen, bis die Zwiebel hell-goldbraun ist (ungefähr 10 Min.).
4. Die Hitze ein wenig reduzieren und die restliche Ingwer-Knoblauch-Paste hinzugeben. Wenn es nicht mehr roh riecht, die gemahlenen Gewürze hineingeben. Kurz in die Zwiebelbasis einrühren, dann einen Spritzer Wasser zufügen, damit nichts ansetzt. Tomatenmark und Chilistreifen einrühren. Nach etwa 1 Min., wenn sich das Fett absetzt, die pürierten (oder passierten) Tomaten hineingießen, mit Salz abschmecken. Bei großer Hitze reduzieren, bis die Soße trocken ist (etwa 5 Min.), dann das marinierte Hähnchenfleisch dazugeben. Ohne Zugabe von Fett anbraten, bis das Fleisch weiß wird und alles heiß ist. Nun die Sahne hinzugeben und alles wieder zum Köcheln bringen. Ein paar Min. weiterköcheln, damit die Aromen sich vereinen können und das Hähnchen auch gar ist. Die Soße sollte einen herrlichen, satten Orangeton haben.
5. Das Curry mit der Butter, Honig, Koriander, getrockneten Bockshornkleesamen und einem Spritzer Zitronensaft abrunden. Kosten und falls nötig noch mit etwas Salz abschmecken. Es müsste superlecker sein und nach mehr schmecken: prickelnd-würzig, vollmundig, scharf und ein bisschen süß.

KEEMA MIT REIS

Keema ist ein indisches Hackfleischgericht und wird oft mit Hammel oder Lamm zubereitet. Mit Reis ist es wie eine herzliche Umarmung, die man essen kann. Exzellent harmoniert es mit dem Raita mit geröstetem Kümmel von S. 114.

FÜR 4 PORTIONEN

300 g Basmatireis
2 EL Öl
1 TL Kreuzkümmelsamen
1 große Zwiebel, fein geschnitten
Salz nach Geschmack
2 Knoblauchzehen, gehackt
2 TL frischer Ingwer, gehackt
1–2 grüne Chilischoten, fein geschnitten
2 EL Tomatenmark
¼ TL gem. Kurkuma
1 TL gem. Koriander
1 TL gem. Kreuzkümmel
½ TL Chilipulver
60 g passierte Tomaten
300 g Rinderhack
550 ml Wasser
Koriandergrün, gehackt, zum Garnieren
frische Minze, gehackt, zum Garnieren
Raita mit geröstetem Kreuzkümmel (S. 114) zum Servieren

1. Den Reis vorsichtig, aber gründlich waschen (bis das Wasser klar bleibt), dann mit viel lauwarmem Wasser bedecken und 30 Min. einweichen lassen. Gut abtropfen lassen.
2. Unterdessen das Öl in einer großen, schweren Pfanne mit Deckel auf mittlerer Hitze erwärmen. Wenn es heiß ist, die Kreuzkümmelsamen hineingeben und 30 Sek. anbraten, bis sie duften, dann die Zwiebel mit etwas Salz hinzugeben und unter Rühren 7–8 Min. braten, bis sie anfängt, zu karamellisieren.
3. Knoblauch, Ingwer, grüne Chilischote und Tomatenmark hinzufügen und anbraten, bis das Gemüse nicht mehr roh riecht. Nun die gemahlenen Gewürze Kurkuma, Koriander, Kreuzkümmel und Chilipulver kurz ins Öl einrühren und die passierten Tomaten hinzugeben. Die Hitze auf mittel bis niedrig reduzieren und etwa 5 Min. kochen.
4. Hitze höherstellen und Rindfleisch hinzugeben. Das Hackfleisch mit der Rückseite eines Löffels zerdrücken. Ungefähr 10–15 Min. kochen, bis das Fleisch gar ist und das Öl anfängt, sich abzusetzen. Mit Salz abschmecken.
5. Behutsam den Reis einrühren, dann das Wasser und wiederum Salz nach Geschmack hinzugeben. Zum Kochen bringen und mit einem Kreis aus Pergamentpapier abdecken, dann den Deckel auflegen und die Hitze auf niedrige Stufe reduzieren. 10–12 Min. kochen, bis der Reis gar ist. Vom Herd nehmen und 5 Min. nachdampfen lassen, dann das Papier abnehmen und das Gericht mit einer Gabel auflockern.
6. Mit Koriander und Minze garnieren und Raita dazu reichen.

MP

HALLOUMI-SAAG

S. 109

Wenn man Halloumi einweicht, bricht die Textur von diesem Käse auf (was eine erstaunliche Ähnlichkeit mit gebratenem Hähnchenfleisch bewirkt!) und die ganze überschüssige Salzigkeit wird entzogen. Mit vielen Knoblauchscheiben und darübergestreuten Bockshornkleeblättern ergibt es ein vollmundiges, erdiges Curry.

FÜR 4 PORTIONEN

500 g Halloumi, in 8 Blöcke geschnitten

Salz nach Geschmack

500 g Spinat, gewaschen

7 EL Erdnussöl

1 gehäufter TL Kreuzkümmelsamen

1 große Zwiebel, klein geschnitten

6 Knoblauchzehen, halbiert, dann der Breite nach in Scheiben geschnitten

4 cm frischer Ingwer, in dünne Stäbchen geschnitten

1 TL Kashmiri-Chilipulver (mild)

2 TL gem. Koriander

2 TL gem. Kreuzkümmel

½ TL gem. Kurkuma

200 g Mini-Pflaumentomaten, halbiert (sehr kleine bleiben ganz)

1 grüne Chilischote, in Streifen geschnitten

½ TL getr. Bockshornkleeblätter (Kasuri Methi), zwischen den Handflächen zu Pulver zerrieben

200 ml Wasser

1 Prise Garam Masala

1 Spritzer Zitronensaft nach Geschmack

Konditorsahne zum Garnieren (optional)

1. Die Halloumi-Stücke mit viel kaltem Wasser bedecken und 1 Std. einweichen lassen (aber nicht länger!). Abgießen und gut abtrocknen, dann beiseite stellen.
2. Unterdessen mit dem Curry fortfahren. In einem Topf Salzwasser zum Kochen bringen, den Spinat hineingeben und kurz blanchieren. Abgießen und die Blätter in Eiswasser geben, um den Kochprozess zu stoppen, dann wiederum abgießen und die überschüssige Flüssigkeit herausdrücken. Mit einem scharfen Messer sehr klein schneiden (oder im Mixer mit Intervalltaste zerkleinern) und beiseite stellen.
3. In einer schweren Pfanne 5 EL Öl auf mittlerer bis hoher Hitze erwärmen und die Kreuzkümmelsamen hineingeben. Wenn sie knistern, die zerkleinerte Zwiebel dazugeben. Mit etwas Salz würzen und unter häufigem Umrühren braten, bis die Zwiebeln allmählich braun werden (etwa 5 Min.). Knoblauch und Ingwer hinzugeben und unter ständigem Bewegen anbraten, bis der Ingwer mürbe geworden ist und alles duftet (aufpassen, dass der Knoblauch nicht anbrennt; etwas Wasser in die Pfanne geben, falls es doch danach aussieht).
4. Die Hitze etwas herunterstellen und die gemahlenen Gewürze Chilipulver, Koriander, Kreuzkümmel und Kurkuma hineingeben. Alles ins Öl einrühren, dann noch einen Spritzer Wasser hinzufügen, damit nichts anbrennt. Tomaten, grüne Chilischote, getrocknete Bockshornkleeblätter und eine weitere Prise Salz hinzugeben und kochen, bis die Tomaten sehr weich, aber noch nicht zerfallen sind (etwa 5 Min.). Sobald das Ganze etwas trocken wird, noch ein wenig Wasser in die Pfanne gießen.
5. Den zerkleinerten Spinat mit etwa 200 ml Wasser und dem Garam Masala hinzugeben und zum Köcheln bringen. Ungefähr 10 Min. kochen, damit die Aromen sich verbinden. Das Curry sollte trocken sein, das Öl sollte beginnen, sich abzusetzen, und die Tomaten sollten noch gerade so ihre Form behalten. Zitronensaft dazuspritzen und eventuell noch einmal mit Salz abschmecken; dabei aber bedenken, dass der Halloumi etwas salzig sein wird. Es sollte etwas scharf, vollmundig und erdig schmecken. Deckel auflegen und warmhalten.
6. Die restlichen 2 EL Öl in einer beschichteten Bratpfanne erhitzen und die Halloumi-Scheiben an allen Seiten braten, bis sie goldbraun sind. Schön geduldig sein und die Stücke nicht zu früh wenden – sie neigen zum Ansetzen am Pfannenboden. Die Käsestücke kurz mit Küchenpapier abtupfen, dann vorsichtig in das heiße Curry einrühren. Auf einen Servierteller geben und zum Garnieren mit Sahne beträufeln. Guten Appetit!

KACHUMBER MIT MANGO UND FRITTIERTEN KICHERERBSEN

S. 112

Kachumber ist im Grunde ein indischer Salat, in dem alle Zutaten in kleine Stücke geschnitten sind. Wir haben frittierte Kichererbsen hinzugefügt, weil ... frittiertes Essen!! Lasst euch nicht verleiten, statt der frischen Curryblätter die getrocknete Variante zu verwenden, die man in manchen Supermärkten findet. Wenn ihr keine frischen findet, lasst sie lieber weg.

FÜR 4 PORTIONEN

1 kleine rote Zwiebel

2 große reife Tomaten

⅔ Salatgurke

½ reife Mango

1 Handvoll Minzeblätter

1 Handvoll Koriandergrün mit Stängeln und allem

1 grüne Chilischote, in Ringe geschnitten (optional)

neutrales Öl zum Frittieren

½ Dose (à 400 g) gekochte Kichererbsen, abgespült, abgetropft und sorgfältig mit Küchenpapier getrocknet

30 frische Curryblätter

½ TL Kreuzkümmelsamen, geröstet und gemahlen

¼ TL Chilipulver

1 Prise Salz plus etwas mehr nach Geschmack

Saft von 1 Zitrone

1. Zu Beginn alle rohen Salatzutaten vorbereiten. Die Größe der Zutatenstückchen ist ganz entscheidend: Ziel ist, auf einem (gehäuften) Esslöffel ein bisschen von allem zu haben. Die Zwiebel von der Wurzel zur Spitze in sehr feine Scheiben schneiden. Die Tomaten vierteln, dann jedes Viertel der Breite nach in mehrere Stücke schneiden. Die Salatgurke der Länge nach vierteln und das wässrige Kerngehäuse entfernen, dann schräg in etwa 5 mm dicke Stücke schneiden. Die Mango schälen und wie die Gurke klein schneiden. Minze- und Korianderblätter grob zerkleinern. Alles in einer großen Schüssel miteinander und mit der klein geschnittenen Chilischote (falls verwendet) vermengen. Beiseite stellen.
2. In einem hohen, schweren Topf 4 cm Öl auf 175 °C erhitzen. Die Kichererbsen portionsweise vorsichtig ins Öl geben und etwa 5 Min. frittieren, bis sie sehr knusprig und trocken sind; aufpassen, dass sie nicht zu dunkel werden. Mit einem Schöpflöffel herausnehmen, kurz auf Küchenpapier abtropfen lassen und in eine kleine Schüssel geben. Gleich wenn die letzte Portion fertig ist, die Curryblätter ins Öl geben und kross werden lassen (Achtung, sie spritzen!). Abtropfen lassen und in die Schüssel mit den Kichererbsen geben, mit Kreuzkümmel- und Chilipulver und einer Prise Salz vermengen. Ein wenig abkühlen lassen.
3. Die Zutaten in der Salatschüssel mit dem Zitronensaft und einer beherzten Prise Salz vermengen und in eine flache Servierschale geben. Mit den scharfen frittierten Kichererbsen und Curryblättern servieren.

की पसन्द
नं:
300
64
प्रभात उत्पादन

SCHNELLES SCHWARZES DAL

Dieses Essen geht eigentlich gar nicht so rasch, aber es ist doch erheblich schneller zubereitet als die berühmten Varianten aus den Restaurants. Normalerweise werden schwarze Urid Dal oder Urdbohnen verarbeitet (daher der Name) und in mächtigen XXL-Töpfen bis zu 24 Std. lang vor sich hin geköchelt. Unser Rezept wird mit vorgekochten Hülsenfrüchten zubereitet. Seht ihr? Geht schneller.

FÜR 4 PORTIONEN

5 cm frischer Ingwer, geschält

6 Knoblauchzehen, geschält

Salz nach Geschmack plus 2 Prisen

5 EL neutrales Öl

1 schwarze Kardamomkapsel

4 Nelken

3 cm Zimtstange

1 getr. Lorbeerblatt

1½ TL Kreuzkümmelsamen

1 große Zwiebel, klein geschnitten

1 scharfe grüne Chilischote, der Länge nach aufgeschlitzt, aber ganz (optional)

½ TL Kashmiri-Chilipulver (mild)

1 TL gem. Koriander

½ TL Rauchpaprikapulver, süß

½ TL Paprikapulver

80 g Tomatenmark, mit 3 EL Wasser verdünnt

1 Dose (à 400 g) gekochte Puylinsen, abgetropft

1 Dose (à 400 g) schwarze Bohnen, abgetropft

1 Dose (à 400 g) Kidneybohnen, abgetropft

400 ml Wasser

½ TL getr. Bockshornkleeblätter (Kasuri Methi)

100 ml Konditorsahne oder Schlagsahne

75 g ungesalzene Butter

3 EL Koriandergrün, fein gehackt

Limettensaft nach Geschmack

1. Ingwer und Knoblauch mit etwas Salz im Mörser zu einer Paste verarbeiten und beiseite stellen. Eine kleine Tasse Wasser in Reichweite stellen (damit es schnell und einfach geht, falls etwas anzusetzen droht).
2. Eine beschichtete Sautierpfanne mit Deckel bei mittlerer bis hoher Hitze aufsetzen und das Öl hineingeben, sobald sie heiß ist. Die Gewürzstücke und das Lorbeerblatt ins Öl geben, kurz danach die Kreuzkümmelsamen. Wenn die Samen anfangen, zu knistern, Zwiebel, grüne Chilischote (falls verwendet) und eine ordentliche Prise Salz hinzugeben. Unter häufigem Umrühren braten, bis die Zwiebeln gleichmäßig goldbraun sind (7–8 Min.).
3. Die Hitze etwas reduzieren, dann die Ingwer-Knoblauch-Paste hinzugeben und etwa 30 Sek. anbraten, bis der rohe Geruch verschwunden ist. Die gemahlenen Gewürze hinzugeben, mit dem Öl verrühren und zum Leben erwecken. Ein kleines bisschen Wasser hinzugeben, um den Kochprozess zu stoppen. Tomatenmark daruntermischen und etwa 1 Min. kochen. Wenn es heiß ist und das Öl sich abgesetzt hat, Linsen und die verschiedenen Bohnen mit einer großzügigen Prise Salz hinzugeben, dann mit 400 ml Wasser aufgießen und den Deckel auflegen. 15–20 Min. simmern lassen, dabei Bohnen und Linsen etwas zerdrücken.
4. Die Bockshornkleeblätter zwischen den Handflächen zerdrücken und hineinstreuen. Noch ein paar Min. simmern lassen, damit das Aroma durchdringen kann, nun Sahne, Butter und Koriandergrün einrühren. Zum Köcheln bringen, dann vom Herd nehmen. Limettensaft hineingeben und eventuell noch einmal mit Salz abschmecken. Ein paar Min. ruhen lassen und schließlich servieren.

RAITA MIT GERÖSTETEM KREUZKÜMMEL

S. 112

Das beruhigende, joghurtige Gericht Raita, das bei so vielen Curry-Partys auf dem Tisch steht, kann man auf unzählige Arten zubereiten. Hier kommt unsere Version, und sie schmeckt wirklich gut. Wir mögen sie gern mit aromatischem grünen Chili (köstlich mit dem gerösteten Kreuzkümmel), aber wenn euer Gaumen dies nicht mag, einfach weglassen. Dieses Raita schmeckt einfach zu allem unheimlich gut.

FÜR 4 PORTIONEN

½ große Salatgurke

Salz nach Geschmack plus 1 Prise

1½ TL Kreuzkümmelsamen

500 ml Naturjoghurt

1 grüne Chilischote, ohne Kerne und grob zerkleinert

1 große Handvoll Koriandergrün, mit Stängeln und allem

1 Handvoll Minzeblätter

¼ TL Garam Masala

½ Knoblauchzehe, klein geschnitten und zerdrückt

1. Die Gurke grob reiben, mit Salz würzen und in einem Sieb 30 Min. abtropfen lassen. Überschüssige Flüssigkeit ausdrücken, dann in eine Schüssel geben.
2. Die Kreuzkümmelsamen in einer trockenen Pfanne rösten – gelegentlich bewegen –, bis sie anfangen zu rauchen. Abkühlen, dann im Mörser oder in der Gewürzmühle grob mahlen. Zur Gurke geben.
3. Alle übrigen Zutaten mit einer anständigen Prise Salz in den Mixer geben und gründlich zu einer Smoothie-artigen Masse verarbeiten.
4. Das Joghurt-Gemisch über die Gurke und den gerösteten, zerstoßenen Kreuzkümmel geben und gut vermengen. Mindestens 30 Min. stehen lassen, dann servieren.

Beschwipster Frozen-Yoghurt-Lassi

S. 109

Gefrorener Joghurt verleiht diesem Lassi die Konsistenz eines Slushs, eines halbgefrorenen Getränks. Es ist die perfekte Begleitung zu schärferen Currys, denn es reinigt den Gaumen. Das Rezept kann entsprechend der Größe eures Mixers vervielfacht werden.

FÜR 1 PORTION

3 EL Naturjoghurt griechische Art

200 g hochwertiges Mangomark aus der Dose oder dem Glas

50 ml dunkler Rum

20 ml frischer Zitronensaft

25 ml dickflüssiger Demerara-Sirup (siehe Schritt 2 der Anleitung)

1 Prise Salz

Samen aus 1 Kardamomkapsel, frisch gemahlen

1 kleine Portion gecrushtes Eis

Dickflüssiger Demerara-Sirup:

225 g Demerara-Zucker (Turbinado)

125 ml Wasser

1. Bevor ihr loslegt, den Joghurt mindestens 3–4 Std. oder über Nacht einfrieren.
2. Für den Sirup Zucker und Wasser in einer kleinen Kasserolle erhitzen, bis sich der Zucker vollständig aufgelöst hat. In ein Gefäß gießen und im Kühlschrank abkühlen lassen, bis er zur Verwendung bereit ist.
3. Gefrorenen Joghurt, Mangomark, Rum, Zitronensaft, eine Menge Sirup gemäß der Rezeptangabe, Salz und gemahlenen Kardamom in einem Mixer gründlich verarbeiten. Eis hinzugeben und wiederum mixen, bis alles gut miteinander verbunden ist.
4. In ein hohes Glas gießen und, wenn ihr mögt, mit frischer Mango und Blüten garnieren und ein wenig Chilipulver darüberstreuen.

PILAW MIT FÜNF GEWÜRZEN UND BUTTER

S. 112

Bei uns allen wird zu Hause viel Pilaw gekocht – ein tolles Rezept, mit dem man immer wieder beeindrucken kann. Entscheidend ist, dass man den Reis sorgsam behandelt: Seid behutsam und zerbrecht die Körner nicht! Mit brauner Butter, karamellisierten Zwiebeln und einer aromatischen Mischung aus ganzen Gewürzen ist das Gericht etwas ziemlich Besonderes. Gut, wenn man dieses Ass im Ärmel hat.

FÜR 4 PORTIONEN

300 g hochwertiger Basmatireis
75 g ungesalzene Butter
3 cm Zimtstange
6 grüne Kardamomkapseln
4 Nelken
2 TL Kreuzkümmelsamen
2 TL Koriandersamen
2 rote Zwiebeln, in dünne Halbmonde geschnitten
2 Prisen Salz
375 ml heißes Wasser oder Brühe

1. Den Reis in eine große Schüssel geben und kaltes Wasser behutsam darüberfließen lassen, bis er etwa 5 cm hoch bedeckt ist. Den Reis mit der Hand vorsichtig in der Schüssel kreisend bewegen und so die Stärke ausspülen. Das Wasser sollte sichtlich trüb werden. Das Stärkewasser abgießen und 5- oder 6-mal wiederholen (hört sich viel an, lohnt sich aber) bzw. bis die einzelnen Reiskörner durch eine 5-cm-Wasserschicht zu erkennen sind. Ein letztes Mal abgießen und wieder 5 cm hoch mit (diesmal lauwarmem) Wasser bedecken. Die Körner noch einmal sanft bewegen, damit die Wassertemperatur überall gleich ist. Exakt 1 Std. einweichen lassen, dann zum Abtropfen in ein Sieb geben.
2. In der Zwischenzeit die Butter und alle Gewürze in einen mittelgroßen gusseisernen Topf oder einen schweren Topf mit gut schließendem Deckel geben. Bei niedriger bis mittlerer Hitze aufsetzen und unter Rühren etwa 5 Min. braten, bis die Butter aufgehört hat zu schäumen, allmählich braun wird und die Gewürze schön geröstet sind. Die Zwiebeln und eine beherzte Prise Salz hinzugeben, dann die Hitze reduzieren und 30–40 Min. schmoren, dabei ab und zu umrühren, bis die Zwiebeln sehr weich und schön karamellisiert sind.
3. Den abgetropften Reis hinzugeben und die Körner mit einem metallenen Esslöffel sehr behutsam mit dem duftenden Butter-Zwiebel-Gemisch vermengen, bis alle Körner umhüllt sind. Die Hitze etwas höher stellen. Nach etwa 1 Min. müsste man den Reis am Topfboden zischen hören: Das bedeutet, er ist bereit für die Flüssigkeit. Das heiße Wasser oder die Brühe und eine weitere Prise Salz hineingeben. Falls sich Reiskörner seitlich am Topf festgesetzt haben und über dem Wasser sind, schnell mit dem Löffel in die Flüssigkeit drücken. Mit fettdichtem Papier (rund) bedecken und Deckel auflegen. 4 Min. auf größter Stufe kochen, dann weitere 7 Min. auf niedrigster Stufe kochen. Ganz vom Herd nehmen und 15 Min. mit Deckel stehen lassen.
4. Papier entfernen und entsorgen. Mit einer Gabel den Reis auflockern und servieren. Angelt euch unbedingt die knusprigen Bissen vom Topfboden.

Samstägliches Katerfrühstück

Römischer Kater

Die Römer waren womöglich die größten Partymiezen aller Zeiten und aller Reiche. Bei den Feiern floss Wein in Strömen, es gab gefüllten Siebenschläfer und Flamingozungen – der Morgen nach einer Nacht im Palast Cäsars bedurfte daher offensichtlich ernsthafter Planung. Es verwundert wenig, dass römische Katerfrühstücke ausgesprochen raffiniert zusammengestellt waren. Laut Plinius dem Älteren – dem berühmten pseudowissenschaftlichen Naturliebhaber – wurde übermäßiger Genuss am besten dadurch geheilt, dass man einen unglücklichen Kanarienvogel frittierte und am Stück verschlang. Seltsamerweise gibt es wenig zeitgenössische Untersuchungen darüber, ob dies tatsächlich wirkt.

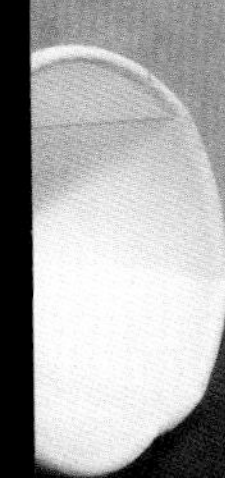

ARME RITTER MIT KÄSE, BURGERPATTY UND ZWIEBELN

Arme Ritter, French Toast, Poor Knights of Windsor, Pain Perdu … wie man sie auch nennt, zum Frühstück sind sie eine gute Wahl. Auch ein sogenanntes Patty Melt ist eine gute Wahl – im Grunde ein Hacksteak mit Zwiebeln zwischen zwei Schichten geschmolzenem Käse und Brot. Super, wenn ihr etwas unentschlossen seid und nicht nur das Fleisch sich wie durch den Wolf gedreht fühlt.

FÜR 3 PORTIONEN

2 Eier

125 ml Vollmilch

Salz sowie Pfeffer aus der Mühle nach Geschmack

400 g hochwertiges, frisch gewolftes Hackfleisch (mindestens 5 % Fett)

neutrales Öl zum Frittieren

6 Scheiben Sauerteig- oder Roggenbrot

300 g herzhaften, nussigen Schweizer Käse, gerieben

4 EL ungesalzene Butter

Karamellisierte Zwiebeln:

1 EL neutrales Öl

2 EL ungesalzene Butter

3 große weiße Zwiebeln, von der Wurzel zur Spitze in dünne Streifen geschnitten

1 Prise Salz

1 TL Kümmelsamen

Wasser oder Rinderbrühe zum Ablöschen

1. Öl und Butter in einer schweren Edelstahl- oder Gusseisenpfanne auf mittlerer Hitze erwärmen, bis sie schaumig sind. Zwiebeln, eine ordentliche Prise Salz und Kümmelsamen hineingeben. Die Zwiebeln 45 Min. garen, dabei gelegentlich umrühren (hört sich nach viel Zeit an, lohnt sich aber). Immer, wenn zu sehen ist, dass am Pfannenboden etwas ansetzt, dies mit ca. 1 TL Wasser oder Brühe ablöschen und unter die Zwiebeln rühren, damit die Flüssigkeit verdampfen kann und der Prozess wieder von vorn anfängt. In diesem angesetzten Material wurzelt das ganze Aroma, also aufpassen, dass es nicht zu dunkel wird, sonst schmecken die Zwiebeln bitter oder angebrannt. Wenn sie fertig sind, sollten sie lecker, dunkelbraun, süß und streichfähig sein. In eine Schüssel geben und zum Abkühlen beiseite stellen.
2. In einer flachen Schüssel Eier, Milch und eine beherzte Prise Salz und Pfeffer miteinander verquirlen. Beiseite stellen.
3. Das Fleisch vorsichtig zu Patties formen, dabei das Fleisch möglichst nicht zu viel bearbeiten. Die Patties sollten etwa 1½ cm dick sein.
4. Eine Bratpfanne (Gusseisen ist gut) auf mittlere bis hohe Hitze vorheizen und den Boden mit Öl bedecken. Wenn es raucht, die Patties gut mit Salz und Pfeffer würzen und etwa 1½ Min. anbraten, ohne sie zu bewegen, damit sie eine schöne Kruste bekommen. Wenden und weitere ca. 30 Sek. braten bzw. bis sie medium-rare sind; dann aus der Pfanne nehmen.
5. Ein Stück Brot mit reichlich geriebenem Käse belegen und ein Patty, eine schöne Schicht Kümmelzwiebeln, noch mehr Käse und das zweite Brot darauflegen.
6. Den Ofen auf 220 °C Ober-/Unterhitze (Umluft: 200 °C) vorheizen.
7. Die Butter in einer ofenfesten Bratpfanne schaumig werden lassen. Die Sandwiches in das Eigemisch tauchen, zuerst von der oberen, dann von der unteren Seite, sodass immer nur die Brotscheibe eingetaucht ist. Auf beiden Seiten braun anbraten, dann auf ein Backblech setzen und im Ofen backen, bis sie saftig, knusprig und köstlich sind.

KATERBONARA MIT TRICK 17

Wenn euch der Schädel brummt, wollt ihr nicht mit rohen Eiern hantieren. Dieses Rezept stammt von einer unserer Mütter.

FÜR 4 PORTIONEN

250 g ungeräucherte, fette Bauchspeckscheiben oder Pancetta

1 große Zwiebel, klein geschnitten

Salz nach Geschmack plus etwas mehr für die Spaghetti

1 gehäufter EL ungesalzene Butter

2 Knoblauchzehen, in dünne Scheiben geschnitten

1 gehäufter TL schwarzer Pfeffer

1 gehörige Prise Chiliflocken

250 g Mascarpone

400 g Spaghetti

50 g Parmesan, gerieben

3 EL Blattpetersilie, fein gehackt

1. Eine beschichtete Sautierpfanne auf mittlerer Hitze aufsetzen und die Speckscheiben hineingeben. Sobald das Fett ausgelassen ist und der Speck ein wenig kross wird, die klein geschnittene Zwiebel dazugeben und leicht mit Salz würzen. Die Hitze reduzieren und 15 Min. leise köcheln lassen, dabei gelegentlich umrühren und aufpassen, dass die Zwiebeln nicht braun werden. Sie sollen süß und glasig sein.
2. Die Hitze etwas höher stellen und Butter, Knoblauch, schwarzen Pfeffer und Chiliflocken hineingeben. Wenn alles lecker duftet und der Knoblauch klebrig, aber nicht braun ist, ein wenig heißes Wasser hineinspritzen und dann Mascarpone einrühren. Kosten, ob genug Salz dran ist, aber bedenken, dass der Parmesan noch fehlt. Die Soße warmhalten.
3. Die Pasta in viel kochendem Salzwasser al dente kochen. Abgießen, etwas Kochwasser aufbewahren, dann die Spaghetti in die Soße geben. Einen großzügigen Spritzer Kochwasser dazugeben sowie Parmesan und Petersilie. Gründlich vermengen und, falls notwendig, noch etwas Kochwasser ergänzen. Mit Extraparmesan servieren.

Bloody Mary mit Wasabi

S.124

Bloody Marys sind Geschmackssache – ein Wasabi-Gehalt finden wir dabei wichtig, aber das könnt ihr handhaben, wie ihr mögt.

FÜR 1 BLOODY MARY

1 EL Teriyaki-Soße

2 TL Marinade von eingelegtem Ingwer

1½ TL Misopaste

2 TL Wasabipaste

1 TL Shichimi Togarashi

½ TL schwarzer Pfeffer

Salz nach Geschmack

4 TL Limettensaft

2 großzügige EL Wodka

1 EL Sake (oder mehr Wodka)

250 ml Tomatensaft, kalt

Zum Servieren:

Limettenspalte

½ TL Salz

½ TL schwarzer Pfeffer

1 TL Shichimi Togarashi

Eiswürfel

eingelegter Ingwer

1. Teriyaki-Soße, Ingwer-Marinade, Miso, Wasabi, Shichimi Togarashi, Pfeffer sowie Salz nach Geschmack zusammen in einen Cocktailshaker aus Zinn/Glas geben und gründlich umrühren. Dies ist die Grundlage.
2. Limettensaft, Wodka, Sake (falls verwendet) und Tomatensaft hinzugeben. Die andere Hälfte des Cocktailshakers aufsetzen und das Gemisch mehrmals »hin- und herrollen«, bis sich alles gut miteinander verbunden hat.
3. Den Rand eines frischen Glases mit einer Limettenspalte befeuchten. Salz, Pfeffer und Togarashi in einem Unterteller vermischen und den Rand des Glases hineintunken, um die Kante mit dem Gemisch zu bedecken. Das Glas mit Eis füllen und den Cocktail darübergießen.
4. Mit eingelegtem Ingwer und mit irgendwelchen frittierten japanischen Snacks servieren, die ihr gerade da habt.

INDISCHES RÜHREI

S. 121

Dies ist unsere Version eines Streetfood-Klassikers aus Mumbai, Egg bhurji. Wie bei den meisten Streetfood-Gerichten stimmt auch hier das alte Klischee – es gibt so viele Varianten wie Köche. Geht genauso schnell und einfach wie das übliche Rührei (na ja, nicht ganz, aber es schmeckt definitiv viel besser).

FÜR 4 PORTIONEN

1 EL ungesalzene Butter

2½ TL Kreuzkümmelsamen

1 mittelgroße rote Zwiebel, gewürfelt

1–2 grüne Chilischoten, klein geschnitten

180 g Pflaumentomaten, gewürfelt

1½ TL gem. Koriander

¼ TL gem. Kurkuma

½ TL Chilipulver

8 große Eier

2 EL Milch

Salz nach Geschmack

1 Handvoll frisches Koriandergrün, gehackt, sowie Extragrün zum Servieren

Toast, indisches Roti- oder Naan-Brot mit Butter zum Servieren

1. Die Butter in einer beschichteten Pfanne auf mittlerer Hitze erwärmen. Kreuzkümmelsamen hineingeben. Wenn sie duften, die Zwiebel dazugeben und etwa 5 Min. unter häufigem Umrühren anbraten, bis die Stückchen glasig sind, aber nicht braun. Grüne Chilischote und Tomaten dazugeben und weitere 2 Min. braten, dann die gemahlenen Gewürze dazugeben, gut vermengen und noch einmal 3 Min. braten.
2. Die Hitze auf mittel bis niedrig stellen. Die Eier mit der Milch verquirlen und in die Pfanne gießen. Mit einem Spatel rühren und braten, bis die Eier anfangen, zu stocken. Mit Salz würzen. Dann weitere 2 Min. braten, bis das Rührei etwas trocken ist. Vom Herd nehmen und Koriandergrün unterziehen.
3. Zu gut gebuttertem Toast oder Roti-Broten servieren.

REISRESTE-PFANNE

S.124

Perfekte Verwendung für übrig gebliebenen Reis. Schmeckt super mit Kartoffelrösti, Bohnen, Toast mit Butter und einer Tasse Tee.

FÜR 4 PORTIONEN

1EL Austernsoße

2EL Tomatenketchup

2EL helle Sojasoße

1TL Sesamöl

2EL Pflanzen- oder Sonnenblumenöl

8 Scheiben geräucherter Bauchspeck, gewürfelt

3 Würstchen, ohne Pelle

1 große Handvoll Shiitakepilze, in Scheiben geschnitten

Salz nach Geschmack

2 Knoblauchzehen, fein gehackt

4 Frühlingszwiebeln, in Ringe geschnitten, sowie Extraringe zum Servieren

3 große Eier, verquirlt

600g Langkornreis, gekocht (roh etwa 200 g), abgekühlt

½TL schwarzer Pfeffer aus der Mühle

1. Austernsoße, Ketchup, Sojasoße und Sesamöl in einer Schüssel verquirlen und beiseite stellen.
2. Einen Wok oder eine große Pfanne relativ stark erhitzen, 1EL des Öls und den gewürfelten Bauchspeck hineingeben. Anbraten, bis das Fett aus dem Speck ausgelassen und er etwas kross ist, dann mit einem Schöpflöffel herausnehmen und beiseite stellen.
3. Das Wurstbrät im Speckfett knusprig anbraten, dabei in kleine Stücke zerteilen. Aus der Pfanne nehmen und mit dem Bauchspeck beiseite stellen.
4. Die Pilze in das restliche Schweinefett geben, mit etwas Salz würzen und braten, bis die Flüssigkeit verdampft ist und sie ein wenig Farbe angenommen haben. Auch beiseite stellen.
5. Den verbliebenen EL Öl in die Pfanne geben, dann den Knoblauch. Diesen kurz im Öl bewegen, nun Frühlingszwiebeln und etwas Salz hinzufügen. Die verquirlten Eier eingießen, etwas stocken lassen, dann im Wok oder in der Pfanne grob verrühren. Den gekochten Reis dazugeben und gründlich mischen. Bauchspeck, Wurstbrät und Pilze wieder in die Pfanne geben und alles mehrere Min. weiter in der Pfanne durchrühren. Wenn alles schön heiß brutzelt, die Soße und den schwarzen Pfeffer hinzugeben und durch gründliches Vermengen gut damit umhüllen.
6. In eine Servierschüssel füllen und mit Frühlingszwiebeln garnieren.

CROQUE MADAME MIT SCHINKEN UND PILZEN

Croque Madame bedeutet wörtlich übersetzt so etwas wie »Frau Knusprig«. Wenn es korrekt zubereitet ist, sollte dieses Sandwich außen kross sein und dann die schmelzend-samtige Verwöhnkost aus Béchamel, Schinken und Pilzen offenbaren. Dafür krabbelt man an einem Samstagmorgen sehr gern aus dem Bett.

FÜR 4 PORTIONEN

8 Scheiben Sauerteigbrot

2 EL ungesalzene Butter

8 dicke Scheiben Schinken

300 g Gruyère, geraspelt

2 TL Öl

4 Eier

Salz sowie schwarzer Pfeffer aus der Mühle nach Geschmack

Béchamelsoße:

2 EL ungesalzene Butter

3 EL Mehl

300 ml Vollmilch

1 EL Dijonsenf

50 g Parmesan, fein gerieben

Salz sowie schwarzer Pfeffer aus der Mühle nach Geschmack

Pilze:

1 EL ungesalzene Butter

2 Schalotten, sehr klein geschnitten

½ TL Thymianblätter

400 g Pilze, in Scheiben geschnitten

1 Knoblauchzehe, sehr klein geschnitten

Salz und schwarzer Pfeffer aus der Mühle nach Geschmack

1. Für die Béchamelsoße die Butter in einer kleinen Kasserolle auf mittlerer Hitze schmelzen. Mehl mit dem Schneebesen einrühren und 2–3 Min. unter ständigem Rühren kochen. Nach und nach die Milch eingießen und dabei rühren, damit sich alles gut verbindet, bis die Soße dick und geschmeidig geworden ist. Senf und Parmesan einrühren. Mit Salz und Pfeffer abschmecken und zum Abkühlen in eine Schüssel gießen.
2. Für die Füllung die Butter in einer großen Bratpfanne auf mittlerer bis großer Hitze schmelzen. Die Schalotten hinzugeben und etwa 5 Min. anbraten, bis sie weich sind. Thymian und Pilze hinzugeben und etwa 10 Min. unter gelegentlichem Umrühren anbraten, bis die Pilze karamellisiert sind, dann den Knoblauch einrühren und etwa 30 Sek. braten, dabei weiterrühren, bis er duftet. Mit Salz und Pfeffer abschmecken.
3. Den Grill sehr heiß und den Ofen auf 200 °C Ober-/Unterhitze (Umluft: 180 °C) vorheizen.
4. Die Brotscheiben auf einer Seite mit Butter bestreichen und mit der Butterseite nach oben auf einem Backblech anordnen. Das Brot grillen, bis es gerade eben goldbraun ist, dann abkühlen lassen.
5. Wenn es abgekühlt ist, die nicht gerösteten Seiten von 4 Brotscheiben mit etwas Béchamelsoße bestreichen. Mit je zwei Scheiben Schinken sowie etwas Pilzmasse und insgesamt der Hälfte des Gruyère belegen. Die anderen Brotscheiben mit der gerösteten Seite nach oben darauflegen, dann zum Abschluss eine Schicht Gruyère und Béchamelsoße hinzufügen. Im Ofen etwa 10 Min. backen, bis diese Schicht goldfarben ist und Blasen wirft.
6. Unterdessen das Öl in einer beschichteten Pfanne auf niedriger bis mittlerer Hitze erwärmen. Die Eier in die Pfanne schlagen, dabei untereinander etwas Platz lassen, und mit Salz und Pfeffer würzen. Die Spiegeleier braten, bis das Eiweiß oben fest, das Eigelb aber noch ein bisschen flüssig ist.
7. Auf jedes Sandwich ein Spiegelei setzen und sofort servieren.

BISCUITBRÖTCHEN CACIO E PEPE

Bevor wir uns jetzt in einen pedantischen panatlantischen Faustkampf über die richtige Verwendung des Wortes »Biscuit« verstricken, wollen wir uns alle lieber darauf einigen, dass wir uneins sind. In diesem Fall ist Biscuit weniger ein Haferkeks als vielmehr ein mürbes, wohlschmeckendes Brötchen, ähnlich den britischen Scones. Diese Sandwiches sind von der gleichnamigen römischen Pastasoße inspiriert, der letzte Schrei, der die kulinarische Welt gerade im Sturm erobert. Voll und nussig im Aroma durch den Pecorino (Parmesan geht auch), und der schwarze Pfeffer gibt eine willkommene wärmende Note hinzu.

FÜR 6 PORTIONEN

450 g Mehl sowie Extramehl zum Bestäuben

2 ½ TL Backpulver

¼ TL doppelkohlensaures Natron (Backsoda)

1 EL Zucker

2 TL feines Meersalz

1 EL schwarzer Pfeffer, grob gemahlen, sowie Extrapfeffer zum Servieren

225 g kalte, ungesalzene Butter in Würfeln sowie 60 g Butter, geschmolzen

35 g Pecorino, gerieben

85 g Double Gloucester, gerieben

235 ml Buttermilch, kalt

Füllung:

2 EL Olivenöl

12 Scheiben Bauchspeck, halbiert

8 Eier

60 ml Milch

½ TL feines Meersalz

½ TL schwarzer Pfeffer aus der Mühle

2 EL ungesalzene Butter

2 EL Schnittlauch, fein gehackt

Ketchup oder eine andere Würzsoße (optional)

1. Mehl, Backpulver, Backsoda, Zucker, Salz und Pfeffer in der Küchenmaschine durch Intervallmixen vermischen. Die Butterwürfel hinzugeben und intervallmixen, bis die Butterstückchen so groß sind wie Erbsen.
2. In eine Schüssel geben, die beiden Käsesorten dazugeben und die Buttermilch darüberträufeln. Mit einer Gabel grob vermengen, dann das Ganze auf eine leicht bemehlte Arbeitsfläche geben und behutsam zu einem etwas krisselig aussehenden Teig verarbeiten.
3. Den Teig zu einem Rechteck flach drücken und in Drittel falten, dann wieder zu einem Rechteck flach drücken. Diesen Vorgang zweimal wiederholen und anschließend zu einem 3 cm dicken Rechteck flach drücken. Ein scharfes Messer mit Mehl bestäuben und den Teig in sechs gleichgroße quadratische Stücke scheiden. Ein Backblech mit Backpapier auslegen und die Teigquadrate darauf anordnen; im Kühlschrank 30 Min. kühlen.
4. Den Ofen auf 220 °C Ober-/Unterhitze (Umluft: 200 °C) vorheizen.
5. In der Zwischenzeit das Olivenöl in einer beschichteten Bratpfanne auf mittlerer Hitze erwärmen und den Bauchspeck schön kross und lecker anbraten. Auf Küchenpapier zum Abtropfen beiseite stellen und die Pfanne sauber wischen.
6. Die Biscuitbrötchen aus dem Kühlschrank nehmen und mit der geschmolzenen Butter bestreichen. 20 Min. backen, bis sie oben goldbraun sind, dann zum Abkühlen auf ein Kuchengitter legen.
7. Unterdessen Eier, Milch, Salz und Pfeffer in einer großen Schüssel verquirlen. Die Butter in der Bratpfanne auf mittlerer bis niedriger Hitze schmelzen, die Eier dazugeben und langsam miteinander verrühren; durchgaren, bis die Eimasse schön stückig gerührt ist, und zwar ohne Hektik – sie soll lecker und cremig sein.
8. Zum Servieren die Brötchen in der Mitte durchbrechen und mit Ei und knusprigem Bauchspeck üppig beladen. Nach Wunsch mit Ketchup oder einer anderen Würze servieren.

FRÜHSTÜCKS-CRUNCHWRAP XXL

Dies ist im Grunde ein mächtiger, runder Frühstücks-Burrito, aber mit viel weniger Füllung als sonst – gut geeignet, wenn ihr am Abend zuvor ordentlich zugeschlagen habt. Wenn er aus der Form genommen ist, kann man ihn wie einen Kuchen aufschneiden und chefmäßig in die Lieblings-Frühstückssoße tunken.

FÜR 6–8 PORTIONEN

1 Packung (700 g) fertiger Kartoffelpufferteig

4 Würstchen

12 Scheiben Bauchspeck

8 Eier

2 EL Milch

Salz sowie schwarzer Pfeffer aus der Mühle nach Geschmack

2 TL ungesalzene Butter sowie 1 EL geschmolzene Butter zum Bestreichen

2 EL Schnittlauch, gehackt

7 große Weizentortillas

180 g Cheddar, gerieben

1. Den Ofen auf 180 °C Ober-/Unterhitze (Umluft: 160 °C) und den Grill mittel bis sehr heiß vorheizen.
2. Die Kartoffelpuffermasse in der Pfanne ausbreiten und einen Riesenpuffer braten.
3. Unterdessen die Würstchen nach Lieblingsart zubereiten und in Scheiben schneiden. Den Bauchspeck ebenfalls knusprig anbraten.
4. Eier und Milch verquirlen und mit Salz und Pfeffer würzen.
5. Die 2 TL Butter in einer beschichteten Pfanne auf mittlerer bis niedriger Hitze erwärmen. Die Eier hineingießen und unter gelegentlichem Umrühren braten, bis sie gerade gar und schön stückig gerührt sind. Schnittlauch unterziehen und Pfanne vom Herd nehmen.
6. Eine runde, gusseiserne Pfanne oder ofengeeignete Bratpfanne (Ø 30 cm) mit geschmolzener Butter auspinseln. Die Pfanne mit 5 Tortillas auslegen, die einander sowie die Kante überlappen; eine als Boden in die Mitte legen. Die Hälfte der Käsemenge einstreuen, den Kartoffelpuffer darauflegen und mit Rührei, Wurstscheiben, Bauchspeck und dem restlichen Käse bedecken. Die letzte Tortilla oben drauflegen, die Ränder der überlappenden Tortillas über die Füllung klappen und zu einer Art Paket zusammenfügen.
7. Ein Stück fettdichtes Papier auf das Ganze legen und mit etwas Flachem beschweren (damit die Wraps sich nicht aufrollen). 20–25 Min. im Ofen backen bzw. bis das Paket goldbraun ist.
8. Crunchwrap aus der Pfanne nehmen und umdrehen, dann unter den Grill legen, bis er goldbraun ist.
9. Mit den Würzsoßen servieren, die ihr zum Frühstück am liebsten mögt.

KALABRESISCHE EIER AUF GEBRATENEN BROTSCHEIBEN

Nduja ist eine herrlich würzige Streichwurst aus Kalabrien, geradezu berauschend mit dem Aroma der Peperoncini, sehr vielseitig, und es lohnt sich absolut, Nduja aufzutreiben. Es gibt unterschiedlich scharfe Varianten, also lieber erst mal probieren, bevor ihr die gesamte Menge hineingebt. Oder nehmt mehr! Ganz wie ihr wollt. Notfalls könntet ihr sie hier durch Chorizo ersetzen oder vielleicht sogar durch etwas Harissa, wenn das Gericht vegetarisch bleiben soll. Womöglich nicht ganz so lecker, aber ganz und gar nicht übel. Gebratene Brotscheiben sind die Krönung.

FÜR 4 PORTIONEN

3 EL Olivenöl, falls nötig, auch mehr

2 rote Zwiebeln, in dünne Halbmonde geschnitten

1 rote Chilischote, in Streifen geschnitten

2 Knoblauchzehen, zerkleinert und mit etwas Salz zu einer Paste zerdrückt

100 g Nduja (weiche, würzige kalabresische Wurst)

2 Dosen (à 400 g) schöne Pflaumentomaten

½ TL Zucker

Salz nach Geschmack

4 Eier

4 Scheiben Weißbrot

ungesalzene Butter (oder Olivenöl) zum Braten

Parmesan oder Pecorino, gerieben, zum Servieren

Gremolata:

½ kleines Bund Blattpetersilie, sehr fein gehackt

½ Bund Minze, sehr fein gehackt

1 Knoblauchzehe, sehr klein geschnitten

Zesten von 1 Zitrone

Salz nach Geschmack

1. Die 3 EL Olivenöl in einer schweren Sautierpfanne (mit Deckel) auf mittlerer Hitze erwärmen. Die Zwiebeln und die Chilischote mit einer Prise Salz hineingeben, dann die Hitze etwas reduzieren und etwa 30 Min. unter häufigem Umrühren braten, bis sie sehr weich, süß und ein wenig karamellisiert sind.
2. In der Mitte der Pfanne etwas Platz schaffen und den zerdrückten Knoblauch mit einem weiteren TL Öl (falls nötig) hineingeben. Anbraten, bis er duftet, dann die Nduja dazugeben. Mit einer Löffelkante die Wurstmasse zerkleinern und mit Zwiebeln und Knoblauch zu einer Art Püree vermischen; darauf achten, dass alles ins Öl gelangt und gleichmäßig gebraten wird. Die Tomaten in einer Schüssel mit den Händen zerdrücken, dann mit dem Zucker in die Pfanne geben. Vorsichtig mit Salz würzen (Nduja kann unterschiedlich salzig sein), dann 30 Min. mit nicht ganz geschlossenem Deckel leicht köcheln lassen. Falls die Soße zu irgendeinem Zeitpunkt etwas trocken aussieht, Wasser dazugeben.
3. Für die Gremolata die gehackten Kräuter und den Knoblauch mit den Zitronenzesten vermengen und beiseite stellen.
4. Bei der Tomatensoße die Hitze herunterstellen, die Eier aufschlagen und in die Pfanne geben. Eine Gabel ein wenig durch das Eiweiß ziehen (so gart es besser gleichzeitig mit dem Eigelb). Leicht mit Salz würzen, Deckel auflegen und etwa 8 Min. garen.
5. Während die Eier kochen, die Brotscheiben auf beiden Seiten in Butter (oder Olivenöl) knusprig und goldbraun anbraten. Auf Küchenpapier abtropfen lassen, dann auf die Servierteller legen. Einen beherzten Löffel Tomatensoße und je ein Ei auf die Brotscheiben geben. Zum Schluss kommt viel Käse und die Gremolata darauf.

Weihnachtsparty

Krampusnacht

Alle Kinder wissen: Wer unartig ist, bekommt zu Nikolaus keine Geschenke. Obwohl diese Aussicht bei den meisten Kindern schon ausreicht, damit sie den Eltern gehorchen, treibt eine alpenländische Legende die Dinge in furchteinflößender Weise auf die Spitze. Österreichische Kinder stehen nicht vor einem erbosten Nikolaus, sondern vor einer verstörenden Schreckensgestalt: vor dem grausigen Krampus. Dem Mythos zufolge ist dieses Monster halb Ziege, halb Dämon und verbringt den 5. und 6. Dezember damit, durch die Straßen zu ziehen und alle zu jagen, die sich im vergangenen Jahr zu ihrem Unglück schlecht benommen haben. Wer seinen Weg kreuzt, wird gepackt und in die Unterwelt verschleppt. Diesem Schicksal kann man nur entgehen, wenn man den Krampus mit reichlich kaltem Marillenschnaps besänftigt.

MONTE-CRISTO-FINGER-SANDWICHES

Dieses schäbige Sandwich – ein verleugnetes Mitglied der Croque-Monsieur-Familie – war im Amerika der 1930er-Jahre ein Shootingstar. Wir haben das Original optimiert und neu gedacht: zum Nachmittagstee. Bloß nicht am Zucker sparen, im Gegenteil!

FÜR 9–12 STÜCK

6 Scheiben gutes Weißbrot, ohne Kruste

gesalzene Butter zum Bestreichen

Mayonnaise zum Bestreichen

6 dünne Scheiben Mortadella

250 g Comté, gerieben

250 g gekochte Truthahnbrust, zerkleinert oder in Scheiben

Erdnuss- oder Rapsöl zum Braten

Puderzucker zum Bestäuben

Ausbackteig:

200 g Mehl

50 g Maismehl (Maisstärke)

1 TL Backpulver

1 knapper TL frische Muskatnuss, fein gerieben

1 TL feines Meersalz

1 TL schwarzer Pfeffer aus der Mühle

2 große Eier

350 ml kalte Vollmilch

1. Das Brot ein wenig rösten und je eine Seite jeder Scheibe großzügig mit Butter und Mayonnaise bestreichen. Die Füllung auf 3 der so vorbereiteten Scheiben aufschichten: eine gefaltete Mortadellascheibe, dann einige Prisen geriebenen Käse, etwas Putenfleisch, wieder Käse und schließlich eine zweite Mortadellascheibe. Zum Schluss die verbliebenen Toastscheiben mit der bestrichenen Seite nach unten auflegen. Die Sandwiches mit einem flachen, schweren Gegenstand etwa 15 Min. lang zusammendrücken.
2. Unterdessen in einem hohen, schweren Topf 5 cm Öl auf 175 °C erhitzen.
3. Für den Ausbackteig die Mehle, Backpulver, Muskatnuss, Salz und Pfeffer in einer Schüssel vermischen und die Eier separat mit der Milch verquirlen. Langsam die nassen Zutaten zu den trockenen geben, dabei verquirlen und möglichst verhindern, dass sich Klümpchen bilden (es ist aber nicht so schlimm, wenn trotzdem ein paar kleine Klümpchen darin sind). Der Ausbackteig sollte etwas dickflüssiger sein als Konditorsahne.
4. Das Gewicht herunternehmen und jedes Sandwich in 3 oder 4 Finger schneiden (die Anzahl richtet sich danach, wie groß die Brotscheiben sind – eure Entscheidung!). Jeden »Finger« in den Ausbackteig tauchen, dann sofort ins heiße Öl geben, nicht zu viel Teig abtropfen lassen. Die Finger 2–4 Min. frittieren, bis sie goldbraun und knusprig sind, dabei häufig mit einem Schöpflöffel wenden, damit sie gleichmäßig frittiert werden.
5. Zum Abtropfen auf ein Gitter legen und ein wenig abkühlen lassen, dann großzügig mit Puderzucker bestäuben. Guten Appetit!

HERZHAFTE PRALINEN MIT SOSSENDIP

Ihr steht auf einer Weihnachtsfeier am Buffet. Ihr seid betrunken, niemand spricht mit euch, und ihr habt Rotwein und eine rätselhafte Soße auf dem Weihnachtspullover. Genau da, im tiefsten Weihnachtsblues, zieht etwas euren Blick auf sich, etwas Frittiertes und Köstliches. Ihr nehmt so ein herrlich knuspriges Kügelchen in die Hand, tunkt es in die Soße, die daneben steht, und der Duft von Orangenzesten und Maronen bringt euch an einen weit entfernten Ort. Auf einmal wird alles gut.

FÜR 8 PORTIONEN

2 EL ungesalzene Butter

2 mittelgroße Zwiebeln, sehr fein gewürfelt

2 Knoblauchzehen, klein geschnitten und zerdrückt

2 Granny-Smith-Äpfel, geschält und fein gewürfelt

20 Salbeiblätter, fein gehackt

600 g hochwertiges Wurstbrät

4 Scheiben Weißbrot, kross geröstet und im Mixer zu Semmelbrösel gemahlen

100 g gekochte Maronen, zerkrümelt

Zesten von 1 Orange

1 TL frische Muskatnuss, fein gerieben

1 EL Meersalzflocken

1 EL schwarzer Pfeffer aus der Mühle

200 g Mehl

4 Eier, mit einem Spritzer Milch aufgeschlagen

200 g Panko-Paniermehl

2 l Erdnussöl

Bratensoße zum Dippen:

1 EL ungesalzene Butter

2 EL Mehl

100 ml Weißwein

200 ml hochwertige Hühnerbrühe

Salz und schwarzer Pfeffer aus der Mühle nach Geschmack

1. Für die herzhaften Pralinen die Butter in einer Bratpfanne erhitzen, bis sie brutzelt, Zwiebeln hineingeben und behutsam braten, bis sie weich sind. Knoblauch zugeben und weitere 30 Sek. anbraten, dann die Apfelstückchen und etwas Wasser hinzugeben und weitere 15 Min. braten, bis die Apfelstücke weich geworden sind und das Wasser verdampft ist. Salbei einrühren, dann das Gemisch in eine Schüssel geben und abkühlen lassen.
2. Sobald die Masse so weit abgekühlt ist, dass sie weiterverarbeitet werden kann, mit Wurstbrät, Paniermehl, Maronen, Orangenzesten, Muskat, Salz und Pfeffer vermengen. 1 Std. in den Kühlschrank stellen.
3. Mehl, verquirlte Eier und Panko-Paniermehl in separaten Schalen bereitstellen.
4. Die Wurstbrätmasse zu walnussgroßen Kugeln rollen und diese einzeln im Mehl wälzen (überschüssiges Mehl abschütteln), dann in die verquirlten Eier tauchen (abtropfen lassen) und schließlich im Panko-Paniermehl wälzen; gründlich darin rollen, damit sie gut umhüllt sind.
5. Das Öl in einem hohen, schweren Topf auf 175 °C erhitzen.
6. Während das Öl heiß wird, den Soßendip zubereiten. Die Butter in einer kleinen Kasserolle erhitzen, bis sie schäumt, dann mit dem Schneebesen das Mehl einrühren. Nach und nach den Weißwein hineingießen und umrühren, sodass eine glatte Paste entsteht, dann dasselbe mit der Brühe wiederholen. Durch ein Sieb abgießen, um Klümpchen herauszufischen, dann wieder in den Topf geben und leise köcheln lassen, bis die Soße zur gewünschten Konsistenz eingekocht ist. Mit Salz und Pfeffer abschmecken.
7. Die herzhaften Pralinen in Portionen zu jeweils ca. 6 Stück im heißen Öl goldbraun frittieren. Mit einem Schöpflöffel herausnehmen und auf ein mit Küchenpapier belegtes Gitter geben, dann auf ein Kuchengitter legen, damit sie nicht durchweichen. Die Soße dazu reichen.

KÄSEWINDBEUTEL (GOUGÈRES)

Gougères (weniger romantisch als Käsewindbeutel bekannt) sind im Grunde Profiteroles mit Käse. Traditionellerweise sind sie in ihrem Herkunftsgebiet Burgund Begleiter bei Weinverkostungen – weswegen sie hochalkoholische weihnachtliche Feierlichkeiten ganz hervorragend ergänzen.

FÜR 8 PORTIONEN

175 ml Vollmilch

75 ml Wasser

115 g ungesalzene Butter in Würfeln

½ TL feines Meersalz

180 g Mehl

6 große Eier, Zimmertemperatur, 5 verquirlt, 1 aufbewahrt

1 TL Wasser

15 g Parmesan, fein gerieben

20 g Gruyère, fein gerieben

Everything-Bagel-Gewürzmischung:

2 TL Mohn

1 EL weißer Sesam

1 EL schwarzer Sesam

4 TL getr. Zwiebelflocken

2 TL Salzflocken

Füllung:

225 g Frischkäse, weich gerührt

200 ml Konditorsahne

180 g Räucherlachs, klein geschnitten

20 g frischer Schnittlauch, fein gehackt

Zesten von 1 Zitrone

2 TL Zitronensaft

Salz und schwarzer Pfeffer aus der Mühle

1. Den Ofen auf 220 °C Ober-/Unterhitze (Umluft: 200 °C) vorheizen.
2. Milch, Wasser, Butter und Salz in einem großen Topf mischen und bei mittlerer bis hoher Hitze unter ständigem Rühren zum Kochen bringen. Mehl hinzugeben und rühren, bis sich der Teig bildet. Auf mittlere Hitze reduzieren und etwa 2 Min. kochen, dabei ständig mit einem Holzlöffel rühren, bis der Teig etwas trocken geworden ist.
3. Teig in einen Mixer geben und ein paar Mal intervallmixen, um ihn ein wenig abzukühlen, dann die 5 verquirlten Eier hinzugeben und verarbeiten. Nun den Käse einarbeiten.
4. Teig in eine Spritztüte mit glatter Tülle (Ø 1 cm) füllen. Teighäufchen mit 3 cm Ø auf das mit Backpapier ausgelegte Backblech spritzen.
5. Das letzte Ei mit 1 TL Wasser verquirlen. In einer Extraschüssel alle Zutaten des Everything-Bagel-Gewürzes vermischen.
6. Die Teighäufchen mit dem Ei-Wasser-Gemisch bestreichen und die Spitzen großzügig mit der Gewürzmischung bestreuen.
7. Das Blech in den Ofen schieben und die Temperatur sofort auf 180 °C Ober-/Unterhitze (Umluft: 160 °C) reduzieren. Die Gougères etwa 25–30 Min. goldbraun backen. Auf ein Kuchengitter setzen und vollständig erkalten lassen.
8. Unterdessen Frischkäse und Konditorsahne in einer Schüssel verrühren, bis die Masse leicht und luftig ist. Die restlichen Füllungszutaten unterheben, dann in eine Spritztüte mit großer, sternförmiger Tülle geben.
9. Bei den Gougères mit einem Wellenschliffmesser den oberen Teil abscheiden, dann die Füllung in die Mitte spritzen und den Deckel wieder aufsetzen.

Zuta

ten

pasta

DIE JAGD NACH DEN *Fäden Gottes*

SU FILINDEU, WÖRTLICH DIE »FÄDEN GOTTES«, IST ANDERS ALS ALLE PASTASORTEN, DIE IHR IM SUPERMARKTREGAL FINDET. WIR REDEN HIER VON MIKROSKOPISCH SEIDENFEINEN FÄDEN, HALB SO DICK WIE ENGELSHAAR, DIE ZU ETWAS VERWOBEN SIND, WAS EHER WIE EIN ÜBERFRORENES SPINNENNETZ AUSSIEHT UND NICHT WIE ETWAS ZU ESSEN.

Über 300 Jahre haben die Frauen einer einzigen Familie das Rezept untereinander weitergegeben. Heute gibt es nur noch eine Handvoll Menschen, die dieses Gericht zubereiten können. Su Filindeu sind genauso köstlich wie schwer zu bekommen und berühmt als seltenste Pastasorte der Welt.

Diese Zutat ist so besonders, dass auf Sardinien zweimal im Jahr ein hungriges Pilgervolk einen einzigartigen Marsch über 32 Kilometer hinter sich bringt, um sie selbst zu kosten. In der alten Stadt

Nuoro geht es los. Die Wanderroute windet sich durch die felsigen Schluchten und ausgedörrten Felder, die den aufragenden Monte Ortobene überziehen, zum heiligen Boden der Kirche des Santuario di San Francesco. Im Mai und im Oktober wagen Tausende den Aufstieg zum Sanktuarium, um das Fest des Heiligen Franziskus zu begehen und einen Teller Pasta zu ergattern.

Auf dem Papier kommt das Gericht, das die Menschen zu dieser enormen Anstrengung motiviert, täuschend schlicht daher. Semolina, Wasser und Salz werden zu einem simplen Teig vermischt, der sorgfältig geknetet werden muss, bis er die Konsistenz von Modellierton erreicht. Dann wird er zu einzelnen Strängen gerollt. Diese werden nun in acht Durchgängen auseinandergezogen und gefaltet, bis 256 filigrane Pastafäden entstanden sind. Behutsam müssen die Fäden schließlich in drei überkreuz laufenden Schichten auf eine extra angefertigte Scheibe aus Holz gelegt werden. So entsteht eine runde, durchscheinende Membran, die nun für einige Stunden in der Sonne trocknet. Die krossen Scheiben sind so dünn wie Waffeln und werden in Stücke gebrochen, in einen Teller gelegt und schließlich mit einer herzhaften Schafbrühe übergossen. Darauf kommt einheimischer Pecorino. Bis man das ganze Verfahren beherrscht, können Jahre vergehen.

Viele Menschen haben sich an den »Fäden Gottes« versucht. Berühmte Köche haben in dem Wunsch, die unendlich scheinenden Durchgänge des Fädenziehens zu meistern, ergebnislos Stunden mit den wenigen Frauen verbracht, die die Fähigkeit perfektioniert haben. So gut wie alle Anstrengungen von Nichteinheimischen, die Kunst für die Su Filindeu zu erlernen, wurden am Ende durch Scheitern zunichtegemacht.

Pasta an sich mit ihren vielen Vorteilen mag extrem berühmt sein, aber wie die Su Filindeu beweisen, kann auch sie noch immer genauso Geheimnisse bergen wie alles andere, was auf den Tisch kommt.

Spuk in der Pastafabrik

Fort mit euch, ihr uralten, makabren Witze über Spukhetti vertilgende Gespenster! Der Schleier zwischen den Toten, den Lebenden und ihrem Abendessen wurde in einem der spukigsten Gebäude in Amerika gelüftet: im berühmt-berüchtigten Restaurant »Spaghetti Warehouse«, ursprünglich zu finden im Zentrum von Houston. Von Pasta besessene Geister manifestierten sich in unterschiedlicher Gestalt, als Mann, der in einen Aufzugsschacht gestürzt war, und als kleines Mädchen mit einem Luftballon. Denkt an diese ruhelosen Geister, wenn ihr das nächste Mal eure Lieblingspasta fu-huihuu!-ttert.

SCHERZDOKU ÜBER DEN SPAGHETTIBAUM

Die Briten waren schon immer leichtgläubig. Am 1. April 1957 sendete die BBC den berüchtigten Kurzbeitrag über die »große Spaghetti-Ernte in der Schweiz und in Italien«. Der knapp dreiminütige Clip zeigte zünftige Spaghettibäuerinnen, die Nudeln einzeln von einem Baum pflückten. Millionen von Zuschauern waren danach überzeugt, dass ihr liebstes italienisches Nahrungsmittel nicht hergestellt, sondern angebaut würde. Als verwirrte Briten fragten, wie sie ihren eigenen Pastabaum züchten könnten, empfahl der honorige Moderator ihnen angeblich, »einen Spaghettispross in eine Dose Tomatensoße zu stellen und das Beste zu hoffen«.

CREMIGE HÄHNCHEN-FAJITA MIT PENNE

Dieser Twisted-Klassiker ist ein Kind der Liebe zwischen Tex Mex und der italienischen Küche. Etwas unglaublich Wohliges steckt in dieser Kombination der Zutaten, eine komplexe magische Chemie mit Käse, Gewürz und Pasta, die alle in ihren Bann zieht und unendlich viel größer ist als die Summe ihrer Teile.

FÜR 4–6 PORTIONEN

3 mittelgroße Hähnchenbrüste

Salz und schwarzer Pfeffer aus der Mühle nach Geschmack

2 EL mildes Olivenöl

1 EL ungesalzene Butter

1 rote Zwiebel, in dünne Scheiben geschnitten

3 gemischte Paprikaschoten, in Streifen geschnitten

3 Knoblauchzehen, klein geschnitten und zerdrückt

1 EL Tomatenmark

3 EL Fajita-Gewürzmischung

400 g gemischte Tomaten, grob zerkleinert

100 ml Hühnerbrühe

400 ml Konditorsahne

100 g roter Leicester oder Cheddar, gerieben, sowie Extrakäse zum Servieren

400 g trockene Penne

1. Das Hähnchenfleisch großzügig mit Salz und Pfeffer würzen. Das Öl in einer schweren Sautierpfanne bei mittlerer Hitze erwärmen, dann die Hähnchenbrüste auf jeder Seite etwa 5 Min. anbraten bzw. so lange, bis sie tief goldbraun sind (falls erforderlich, in einen heißen Ofen zum Garen geben). Zum Abkühlen beiseite stellen, dann in Stücke so groß wie die Penne zupfen.
2. Butter in dieselbe Pfanne geben und Zwiebeln und Paprikaschoten anbraten, bis sie weich und stellenweise leicht geschwärzt sind (etwa 10 Min.). Knoblauch hinzugeben und anbraten, bis er duftet, dann Tomatenmark und Fajita-Gewürz hinzugeben. 1 Min. braten, dann die Tomaten dazugeben und ein paar weitere Min. einkochen, bis die Soße dickflüssig ist.
3. Brühe und Sahne dazugießen, zum Köcheln bringen und die Soße noch etwas eindicken. Vom Herd nehmen und abkühlen lassen (wenn sie zu heiß ist, könnte der Käse im nächsten Schritt ausflocken).
4. Käse einrühren und das Hähnchenfleisch wieder in die Pfanne geben.
5. In der Zwischenzeit die Pasta in viel Salzwasser gemäß der Packungsanweisung al dente kochen. Abgießen, dabei etwas Pastawasser zurückbehalten. Dann die Pasta in die Soße geben und vermengen; falls nötig, die Soße mit etwas Pastawasser verdünnen.
6. Im Fajita-Stil mit viel geriebenem Extrakäse servieren.

ÜBERBACKENE JALAPEÑO-HÄHNCHEN-SPAGHETTI

Wie immer bei Pasta »al forno« – die Kruste ist das Beste. Stellt euch die vollmundig-scharfe Cremigkeit eines Jalapeño-Poppers vor, unter eine Unmenge Spaghetti gezogen. Kocht es euch, dann müsst ihr nicht mehr davon träumen!

FÜR 4–6 PORTIONEN

200 g würziger Cheddar, gerieben

200 g gereifter Mozzarella mit wenig Flüssigkeit, gerieben

50 g Parmesan, gerieben

1½ EL Maismehl (Maisstärke)

1 EL Olivenöl

8 dicke Scheiben geräucherter, durchwachsener Bauchspeck, gewürfelt

2 dicke Knoblauchzehen, in dünnen Scheiben

200 ml Hühnerbrühe

2–4 Jalapeños, klein geschnitten

200 ml Konditorsahne

120 g Frischkäse

½ gegrilltes Hähnchen oder 3 gebratene Hähnchenbrüste, klein gezupft

1 TL schwarzer Pfeffer aus der Mühle

Salz nach Geschmack

400 g Spaghetti

1. Den Ofen auf 180 °C Ober-/Unterhitze (Umluft: 160 °C) vorheizen.
2. Den ganzen Käse in eine Schüssel geben und mit Maisstärke vermengen, bis er gut bedeckt ist. Beiseite stellen.
3. Das Olivenöl in einer ofengeeigneten Sautierpfanne auf mittlerer Hitze erwärmen und den Bauchspeck anbraten, bis das Fett ausgelassen und der Speck recht kross ist. Knoblauch dazugeben und anbraten, bis er klebrig ist (aber nicht gebräunt), dann das überschüssige Fett aus der Pfanne abgießen und diese wieder auf den Herd stellen. Hühnerbrühe und Jalapeños dazugeben und das Ganze innerhalb von etwa 5 Min. um die Hälfte reduzieren. Sahne, Frischkäse, gezupftes Hühnerfleisch und schwarzen Pfeffer dazugeben, dann Salz nach Geschmack (Achtung, Bauchspeck und Brühe bringen auch schon Salz mit). Zum Köcheln bringen, dann vom Herd nehmen.
4. Die Spaghetti in reichlich gut gesalzenem, kochendem Wasser 6 Min. oder sehr al dente zubereiten. Mit 200 ml Kochwasser und der Hälfte der Käsemischung in die Soße geben und umrühren, um den Käse gut zu verteilen – es sollte in diesem Stadium recht feucht aussehen. Die restliche Käsemischung über die Spaghetti streuen und im Ofen 15 Min. ohne Deckel überbacken.
5. Die Pfanne kurz rausnehmen und den Backofen noch einmal sehr heiß vorheizen und Grillfunktion einschalten.
6. Die Pfanne für ein paar letzte Min. in den Ofen stellen bzw. bis die Oberfläche eine leckere goldene Kruste hat. Ein paar Min. stehen lassen, dann servieren!

WELSH RAREBIT – BROT, NUDELN UND KÄSE

Das Wort »Rarebit« (zu Deutsch etwa: »kleiner Bissen«) ist ganz offensichtlich eine Verfälschung von »rabbit«, also Kaninchen. In früheren Zeiten wurden die Waliser gern als etwas geizig verspottet, und so bedeutete »jemandem ein walisisches Kaninchen vorsetzen«, dass man etwas Minderwertiges oder einen Ersatz auf den Tisch brachte. In demselben Sinne besaß eine »walisische Perle« schlechte Qualität und ein »walisischer Kamm«, das waren schlicht die Finger, die durchs Haar fahren. Taktlos – und unfair, denn das Welsh Rarebit schmeckt klasse.

FÜR 4–6 PORTIONEN

etwas Öl zum Einfetten

100 g ungesalzene Butter, plus 3 EL geschmolzene Butter

4 mittelgroße Stangen Lauch, gewaschen, geputzt und in dünne Ringe geschnitten

150 ml Blonde-Bier

170 g Sauerteigbrot, in kleine Stücke gezupft

40 g Mehl

500 ml Vollmilch

1 EL Worcestershiresoße (oder Hendersons's Relish für Vegetarier)

1 EL englischer Senf

½ TL Cayennepfeffer

400 g hochwertige Hörnchennudeln, trocken

Salz nach Geschmack

400 g richtig schöner, reifer Cheddar, gerieben

schwarzer Pfeffer aus der Mühle nach Geschmack

1. Den Ofen auf 170 °C Ober-/Unterhitze (Umluft: 150 °C) vorheizen und eine große Auflaufform einfetten.
2. Die Hälfte der ungesalzenen Butter in einem Topf erwärmen und bei niedriger Hitze den Lauch 30–40 Min. anbraten, bis ein leicht karamellisiertes Durcheinander entstanden ist. Die Hitze höher stellen, Bier hinzugeben und reduzieren, bis es fast ganz verdampft ist. Beiseite stellen.
3. Die Brotstücke in die geschmolzene Butter geben, auf einem Backblech ausbreiten und etwa 10 Min. im Ofen goldfarben, aber nicht zu dunkel zu Croûtons rösten (sie werden später noch mal gebacken).
4. In einem großen, schweren Topf die restliche Butter erhitzen, bis sie schäumt, dann Mehl hinzugeben und kräftig rührend zu einer glatten Masse verarbeiten. Nach und nach die Milch mit einem Holzlöffel kräftig unterrühren, nun Worcestershiresoße, Senf und Cayennepfeffer einrühren. 3–4 Min. kochen und eindicken lassen. Lauch einrühren, dann vom Herd nehmen und 5 Min. abkühlen lassen.
5. Unterdessen die Hörnchennudeln in viel Salzwasser gemäß der Packungsanweisung al dente kochen. Abgießen und eine Tasse Kochwasser zurückbehalten.
6. Pasta in die Soße geben, dann unter Umrühren den Käse (immer je eine Handvoll) hinzugeben. Etwas Nudelwasser hineinspritzen, falls die Soße zu dick aussieht. Mit Salz und Pfeffer nach Geschmack würzen.
7. Das Gemisch in die Auflaufform füllen und die Croûtons darauf geben. 20–25 Min. backen, bis es goldbraun ist und blubbert.

CAMEMBERT AUF LINGUINE

Wir alle erleben solche Tage, an denen wir auf alles pfeifen und uns mal so richtig verwöhnen. Wenn euch diese Stimmung das nächste Mal packt und ihr dann nicht wisst, was ihr essen sollt, könnte dieses ungeheuerliche Rezept genau das Richtige sein – ein dekadentes essbares Gedicht an diesen lecker cremigen runden Laib, den Camembert.

FÜR 4–6 PORTIONEN

1 EL Olivenöl

8 Scheiben durchwachsener Bauchspeck, in Streifen geschnitten

3 Knoblauchzehen

150 ml trockener Weißwein

200 ml Hühnerbrühe

300 ml Konditorsahne

70 g Parmesan, gerieben

1 EL schwarzer Pfeffer aus der Mühle

Salz nach Geschmack

400 g Linguine, trocken

1 runder Camembert zu 250 g

Streuseltopping:

50 g ungesalzene Butter

1 Knoblauchzehe, klein geschnitten und zerdrückt

80 g Panko-Paniermehl

3 EL Thymianblätter

20 g Parmesan, fein gerieben

1. Den Ofen auf 180 °C Ober-/Unterhitze (Umluft: 160 °C) vorheizen.
2. Das Olivenöl in einer großen, schweren Sautierpfanne auf mittlerer Hitze erwärmen. Den Speck in etwa 5 Min. knusprig anbraten, dann Knoblauch hinzugeben und etwa 30 Sek. anbraten, bis er duftet. Weißwein hineingießen und etwa 2 Min. kochen, sodass der Alkohol verdampft, und schließlich die Brühe dazugießen und zum Kochen bringen. Konditorsahne, Parmesan und Pfeffer hinzufügen, mit Salz abschmecken.
3. In der Zwischenzeit die Nudeln in reichlich Salzwasser kochen und ziemlich al dente lassen, also kürzere Zeit kochen als auf der Packung angegeben (sie werden im Ofen weitergegart). Abgießen und zur Soße in die Pfanne geben. Gründlich vermengen, dann in eine hohe Auflaufform füllen.
4. Den Camembert horizontal in zwei Hälften teilen und diese mit der Schnittfläche nach unten auf die Nudeln legen.
5. Nun 10–15 Min. backen bzw. bis der Käse vollständig in die Nudeln hineingeschmolzen ist.
6. Für das Streuseltopping die Butter in einer Kasserolle schmelzen, Knoblauch hinzugeben und anbraten, bis er duftet. Panko-Paniermehl hinzugeben und leicht braun anrösten, dann Thymian und Parmesan dazugeben und noch etwa 1 Min. weiterrühren. In eine Schüssel füllen.
7. Die Camembert-Rinde abziehen und den geschmolzenen Käse mit theatralischem Schwung in die Pasta hineinwirbeln. Auf Schalen verteilen und mit den gerösteten Streuseln überhäufen. Sofort essen.

RIGATONI ALLA VODKA MIT WÜRSTCHEN

Italienisch-amerikanische Restaurants taugen vermutlich nichts, wenn sie keine Pasta »alla vodka« auf der Karte haben. Dieses Gericht wurde in den 1970er-Jahren nach einem regionalen italienischen Kochwettbewerb schlagartig populär. Im Wesentlichen ist es eine cremige, würzige Tomatensoße, und der Wodka hebt angeblich ihre Stimmung. Die Italiener kochen schon seit Jahrhunderten mit Grappa (ein Tresterbrand aus den Resten der Weinerzeugung), und manche Menschen behaupten, darin liege der wahre Ursprung dieses Gerichts. Nehmt also ersatzweise Grappa, wenn ihr welchen da habt.

FÜR 4–6 PORTIONEN

2 EL Olivenöl

6 Würstchen von guter Qualität, ohne Pelle

1 rote Zwiebel, fein geschnitten

2 Prisen Salz plus etwas mehr nach Geschmack

2 Dosen (à 400 g) ganze Pflaumentomaten

2 Knoblauchzehen, in dünne Scheiben geschnitten

1 TL Chiliflocken bzw. nach Geschmack

125 ml Wodka (oder Grappa, wenn euch gerade vornehm zumute ist)

50 g ungesalzene Butter

1 TL Zucker

100 ml Konditorsahne

1 TL frische Muskatnuss, fein gerieben

50 g Parmesan, fein gerieben, sowie Extraparmesan zum Servieren

500 g kurze Rigatoni oder andere Hohlnudeln, trocken

1 gute Handvoll Basilikumblätter

schwarzer Pfeffer aus der Mühle nach Geschmack

1. Das Olivenöl auf mittlerer bis großer Hitze in einem großen Kochtopf erwärmen. Wurstbrät hineinbröckeln und schön braun anbraten (etwa 5 Min.), dabei zerkleinern. Wenn sich am Topfboden eine schöne Menge Satz angesammelt hat, die Zwiebel und eine kleine Prise Salz hinzugeben. Hitze reduzieren und etwa 10 Min. anbraten, dabei gelegentlich umrühren, bis die Zwiebel süß und glasig ist. Die Flüssigkeit aus der Zwiebel sollte das Angesetzte ein wenig ablöschen, wenn sie jedoch selbst ansetzen sollte, ein paar EL Wasser dazugeben und ordentlich weiterrühren wie zuvor.
2. In der Zwischenzeit 1 Dose Tomaten abgießen. Die Tomaten mit dem Inhalt der zweiten (nicht abgetropften) Dose in eine Schüssel geben und grob mit der Hand zerpflücken.
3. Knoblauch und Chiliflocken in den Topf dazugeben und einige weitere Min. anbraten, bis der Knoblauch gut riecht und klebrig ist. Nun die zerdrückten Tomaten, Wodka oder Grappa, Butter, Zucker und eine weitere Prise Salz hinzugeben. Die Tomatendosen mit etwas Wasser ausspülen und dieses auch in den Topf geben. Die Hitze herunterstellen und 1 Std. kochen, dabei gelegentlich umrühren, bis die Soße reduziert, dick und köstlich ist.
4. Sahne und Muskatnuss zur Soße geben und wieder für ein paar Min. zum Köcheln bringen, dann vom Herd nehmen und den Parmesan kräftig rührend dazugeben. Mit Salz und Pfeffer abschmecken – es müsste ziemlich lecker sein. Wenn nicht, mehr Salz hinzufügen.
5. Unterdessen die Nudeln in reichlich kochendem Salzwasser nach Packungsanweisung zubereiten, dann abgießen und etwas Kochwasser aufbewahren.
6. Nudeln in die Soße geben und alles mit ein wenig Kochwasser verdünnen. Gründlich vermengen, ganz zum Schluss Basilikum hinzugeben. Servieren und Extraparmesan dazu reichen.

FETTUCCINE ALFREDO MIT GARNELEN UND ZITRONE

Für dieses Gericht müsst ihr nach schönen, großen Garnelen suchen. Mittlerweile habt ihr vielleicht gemerkt, dass wir eine Schwäche für cremige Pasta haben; ihr könnt sicher sein, dass die Zitrone dem Ganzen hier genau den richtigen Pfiff für ein wenig Leichtigkeit gibt.

FÜR 4–6 PORTIONEN

1 EL Olivenöl

2 EL ungesalzene Butter

450 g Garnelen, geschält und entdarmt

Salz und schwarzer Pfeffer aus der Mühle

1 Schalotte, klein geschnitten

2 Knoblauchzehen, klein geschnitten

2 Zitronen: Zesten und Saft von 1 Zitrone, die andere in Spalten geschnitten

500 ml Konditorsahne

100 g Parmesan, fein gerieben

450 g Fettuccine, trocken

2 EL gehackte Blattpetersilie sowie Extrapetersilie zum Servieren

1. In einer großen Sautierpfanne bei mittlerer bis hoher Hitze das Öl erwärmen und 1 EL der Butter schmelzen. Die Garnelen mit Salz und Pfeffer würzen und auf beiden Seiten scharf anbraten, bis sie fast gar sind. Herausnehmen und beiseite stellen.
2. Die restliche Butter in dieselbe Pfanne geben und die Hitze reduzieren. Die Schalotte hinzugeben und etwa 5 Min. anbraten, bis sie weich und glasig ist; nun den Knoblauch dazugeben und etwa 1 Min. anbraten, bis er duftet. Zitronensaft dazugeben und kurz einkochen, dann Sahne, Zitronenzesten und Parmesan hinzufügen und umrühren. Etwa 5 Min. köcheln lassen, bis die Soße dick geworden ist und am Löffelrücken haften bleibt. Mit Salz, Pfeffer und noch mehr Zitronensaft abschmecken. Es sollte vollmundig und cremig sein, durch die Zitrone aber trotzdem frisch schmecken.
3. Unterdessen die Fettuccine gemäß der Packungsanweisung in reichlich Salzwasser al dente kochen. Abgießen und eine Tasse Kochwasser zurückbehalten.
4. Die Pasta mit den Garnelen und der gehackten Petersilie zur Soße geben. Gründlich vermengen; mit etwas Nudelwasser verdünnen.
5. Mit Extrapetersilie, schwarzem Pfeffer und ein paar Zitronenspalten auf den Tisch bringen.

PAPPARDELLE MIT WÜRZIGER, LANGSAM GEGARTER RINDERBEINSCHEIBE

Seit byzantinischer Zeit geben die Venezianer Gewürze in ihre Speisen, deswegen ist dieses Rezept gar nicht mal so verrückt, auch wenn die betäubenden Pfefferkörner nicht der Tradition entsprechen. Im Grunde ähnelt es chinesischen Dandan-Nudelgerichten. Es lohnt sich, das Fleisch bei einem guten Metzger zu kaufen.

FÜR 4–6 PORTIONEN

2 kg Rinderbeinscheibe mit Knochen, in große Stücke geschnitten, Fett und Knorpel entfernt

Salz und schwarzer Pfeffer aus der Mühle nach Geschmack

2 EL Öl

75 g ungesalzene Butter

1 große Zwiebel, klein geschnitten

2 kleine Karotten, klein geschnitten

2 Stangen Staudensellerie, klein geschnitten

4 Knoblauchzehen, klein geschnitten

2 frische Lorbeerblätter

1 Zimtstange

2 Sternanis

1 EL Fenchelsamen

4 EL Tomatenmark

375 ml schöner Rotwein

650 ml Rinderbrühe

1 TL frische Muskatnuss, fein gerieben

500 g Pappardelle, trocken

100 g Parmesan, fein gerieben

1–2 EL Szechuan-Pfefferkörner, geröstet und gemahlen, zum Servieren

1. Den Ofen auf 150 °C Ober-/Unterhitze (Umluft: 130 °C) vorheizen.
2. Die Beinscheibe großzügig auf allen Seiten mit Salz und Pfeffer würzen. Einen großen Topf oder eine schwere ofengeeignete Pfanne bei mittlerer Hitze aufsetzen und das Öl hineingeben. Das Fleisch portionsweise von allen Seiten gründlich bräunen (hierbei nicht hetzen) dann herausnehmen und beiseite stellen.
3. Hitze reduzieren und 2 EL der Butter zusammen mit Zwiebel, Karotten, Sellerie, Knoblauch, Lorbeerblatt, Zimtstange, Sternanis und Fenchelsamen in den Topf geben. Mindestens 30 Min. braten, bis das Gemüse sehr weich, süß und aromatisch ist. Währenddessen mit dem Schaber alle Fleischfasern vom Topfboden lösen – dieser Bratensatz liefert guten Geschmack.
4. Tomatenmark hinzugeben und einige Min. lang braten bzw. bis das Öl sich abzusetzen beginnt. Die Hitze höher stellen, Wein hineingießen und kochen, bis er fast ganz verdampft ist (etwa 10 Min.). Die Brühe hinzugeben und leicht köcheln lassen, dann die Fleischstücke wieder in den Topf legen; darauf achten, dass sie möglichst gut von Flüssigkeit bedeckt sind. Mit einem runden, fettdichten Stück Papier mit Loch in der Mitte für den Dampf abdecken, Deckel auflegen und in den Ofen stellen. 5–6 Std. schmoren und das Fleisch gelegentlich überprüfen und wenden, bis es sich von den Knochen gelöst hat und sich mit einer Gabel ganz leicht zerteilen lässt.
5. Fleisch und Knochen auf einen Teller legen und mit zwei Gabeln zerzupfen. Mark aus den Knochen schaben und getrennt verwahren, dann die Knochen entsorgen (oder zum Garnieren aufbewahren).
6. Falls auf der restlichen Soße zu viel Fett ist, etwas davon abschöpfen, dann das Mark hineingeben. Muskatnuss zufügen und kosten, ob noch Salz und Pfeffer fehlen. Es müsste aberwitzig gut schmecken. Das zerkleinerte Fleisch wieder in die Soße geben und erneut erhitzen.
7. In der Zwischenzeit die Pasta in reichlich kochendem Salzwasser nach Packungsanweisung al dente kochen. Abgießen und eine Tasse Kochwasser aufbewahren.
8. Nudeln, restliche Butter und die Hälfte des Parmesans in die Soße geben und vermengen, bis die Pasta gut umhüllt ist; unterstützend etwas Kochwasser dazugeben. Das Ragout sollte an der Pasta haften und schön und glänzend sein.
9. Die Pasta auf einer großen Platte anrichten (wer will, fügt zur Deko Knochen bei) und mit reichlich Parmesan und Szechuan-Pfeffer bestreuen. Dies beides am Tisch noch extra dazu reichen.

SIZILIANISCHER BRUSCHETTA-PASTASALAT

Dieser Nudelsalat ist vom Pesto Trapanese inspiriert, der sizilianischen Version des berühmten Klassikers aus Genua. Es wird normalerweise aus Mandeln und rohen Tomaten hergestellt – wir haben auch noch Minze und Pistazien hinzugefügt. Wir hatten uns vorgenommen, dass dieses Gericht wie eine riesige fliegende Bruschetta aussehen soll. Wie das Foto vermuten lässt, sind wir mit dem Ergebnis hochzufrieden.

FÜR 6–8 PORTIONEN

600 g gemischte Tomaten, klein geschnitten bzw. kleine Tomaten halbiert

Salz nach Geschmack

500 g trockene Fusilli

1 kleine rote Zwiebel, sehr klein geschnitten

schwarzer Pfeffer aus der Mühle nach Geschmack

etwas Olivenöl

Pesto:

100 g Pistazien, geröstet und ohne Schale, oder Mandeln, geröstet und blanchiert (oder eine Mischung)

60 g Basilikumblätter, grob gehackt, sowie ein paar Zweige zum Garnieren

20 g Minzeblätter, grob gehackt, sowie ein paar Zweige zum Garnieren

2 Knoblauchzehen, zerkleinert und zu einer Paste zerdrückt

150 ml gutes Olivenöl

80 g Parmesan, frisch gerieben

1 kleiner Eiswürfel (optional)

Salz nach Geschmack

Bruschetta-Toasts:

6–8 Scheiben Sauerteigbrot, halbiert

½ Knoblauchzehe, zum Einreiben

gutes Olivenöl, zum Besprenkeln

Meersalzflocken, zum Bestreuen

1. Die Tomaten gut mit Salz würzen, dann in ein großes Sieb oder einen Durchschlag geben, locker mit Frischhaltefolie bedecken und mindestens 1 Std. zum Abtropfen über eine große Schüssel stellen (groß genug, dass sie die ganze gekochte Pasta fasst).
2. In der Zwischenzeit mit dem Pesto fortfahren. Wenn mit einem Mörser gearbeitet wird, die Nüsse zerstoßen und zerreiben, bis eine grobe Paste entstanden ist, dann in eine Schüssel geben. Basilikum und Minze nach und nach in den Mörser geben und zu einem feinen, grünen Brei zermahlen. Nun Knoblauchpaste zufügen und mit dem Großteil Olivenöl verdünnen. Dieses Gemisch in die Schüssel mit der Nusspaste gießen und mit dem Käse sowie dem restlichen Olivenöl gut durchrühren. Kosten, ob Salz fehlt, und beiseite stellen. Wer mit einer Küchenmaschine oder einem Mixer arbeitet, gibt Kräuter, Olivenöl, Nüsse, Knoblauch und den Eiswürfel ins Gefäß und verarbeitet alles zu einer groben, aber homogenen Paste. In eine Schüssel geben und den Käse hineinrühren. Kosten, ob Salz fehlt, und beiseite stellen.
3. Die Pasta in reichlich Salzwasser gemäß Packungsanweisung al dente kochen, dann abgießen und in die Schüssel unter dem Sieb mit den Tomaten geben (es wird kein Kochwasser gebraucht). Die heiße Pasta mit dem Tomatensaft vermengen – beim Abkühlen nimmt sie den Saft auf. Sobald sie lauwarm ist, drei Viertel des Pestos darübergeben und gründlich umrühren. Die Soße sollte wunderbar dickflüssig sein und an der Pasta haften. Pasta auf eine große Servierplatte geben.
4. Die rote Zwiebel mit viel schwarzem Pfeffer zu den Tomaten geben und mit etwas Olivenöl vermengen. Dieses Gemisch mitten auf der Pasta anrichten, das restliche Pesto in großen Tropfen in und um den Tomatensee herum verteilen. Wer mag, garniert mit ein paar ganzen Kräutern.
5. Für die Bruschetta-Toasts die Sauerteigscheiben grillen (eine gusseiserne Grillpfanne eignet sich dafür gut), bis sie hübsch geschwärzt sind, dann mit den Knoblauchhälften einreiben, mit etwas Olivenöl besprenkeln und mit Salzflocken bestreuen. Rings um den Rand der Servierplatte herum anrichten und servieren, am besten im Garten, an einem heißen Tag.

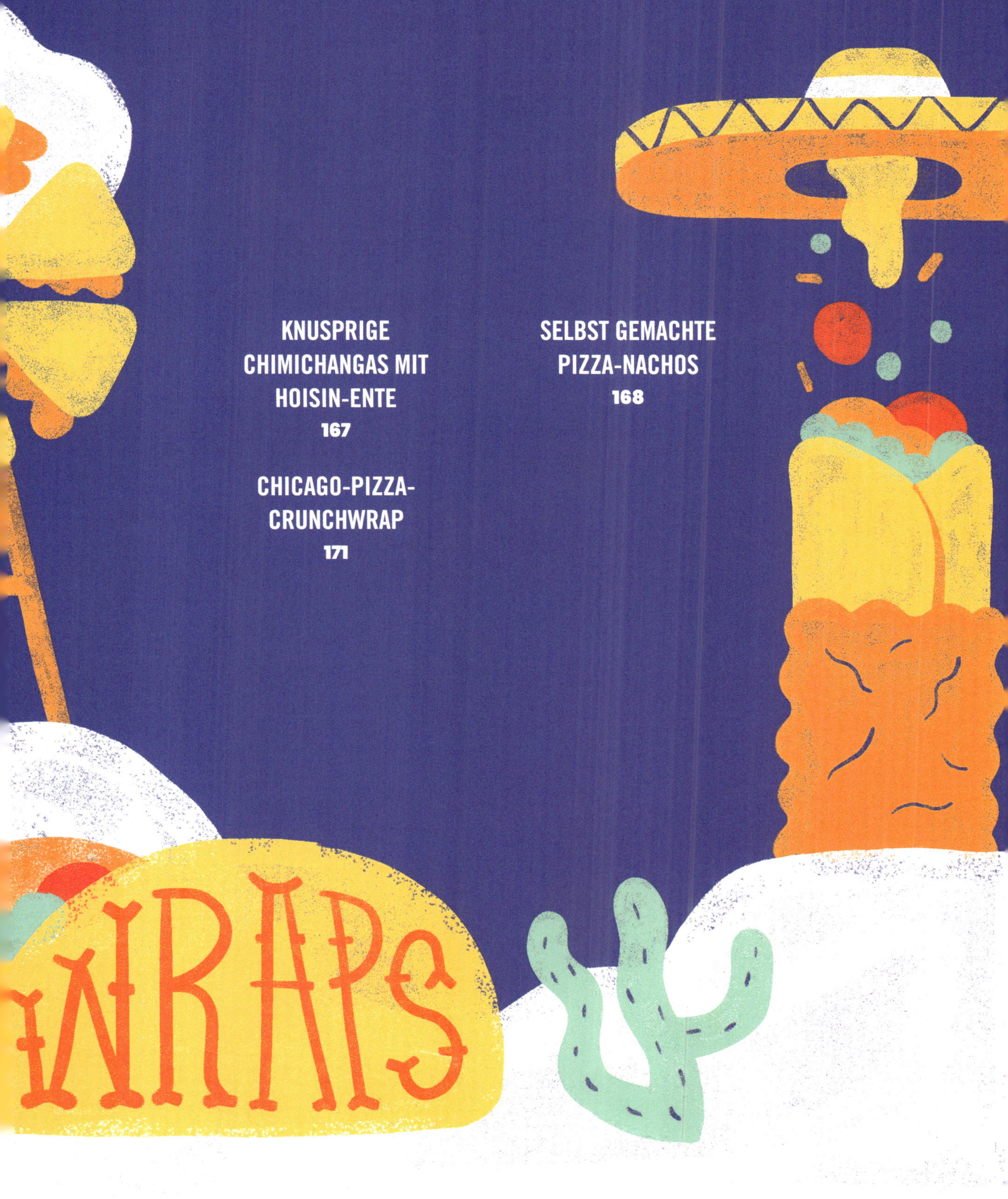

WRAPS

DAS
ist ein Wrap

ES WAR 1982, DER COMPUTER WAR VOM *TIME MAGAZINE* ZUR PERSON DES JAHRES GEWÄHLT WORDEN, UND MICHAEL JACKSON STAND KURZ VOR DER VERÖFFENTLICHUNG DES POPMUSIKALBUMS ALLER ZEITEN.

Vol-au-Vents – Blätterteigpastetchen mit Ragout-Füllung – waren das Weihnachtshäppchen Nummer eins. Und in einer Ecke von Stamford in Connecticut (USA) bereitete sich ein bescheidener ehemaliger Baseballprofi darauf vor, Fastfood-Geschichte zu schreiben.

Bobby Valentine ist wahrscheinlich besser bekannt als ehemaliger miserabler Manager der Baseball-Mannschaft Boston Red Sox. Valentines größter Beitrag zur modernen Kultur kann trotz dieser unglücklichen Zuschreibung jedoch nur zur Gänze gewürdigt werden, wenn man seine Karriere abseits vom Sportplatz betrachtet. Neben seiner Tätigkeit als mittelmäßiger Baseball-Manager begeisterte er sich vor allem ernsthaft für Essen. Mit 29 Jahren beendete er seine Laufbahn als Spieler und ergänzte sein Einkommen mit fortwährenden Investitionen in der Gastronomiebranche. Seit 1980 betreibt er das Bobby Valentine's Sports Gallery Cafe, das ihm auch gehört.

Im Jahr 1982 wurden der als Verschwender bekannte Valentine und sein Team von einem Sports-Gallery-Investor überfallartig heimgesucht. Wie das Schicksal es wollte, hatte Valentine just am Tag zuvor entschieden, den kaputten Toaster zu entsorgen. Natürlich bestellte der Gast nun das einzige getoastete Gericht auf der Karte: ein Club Sandwich.

In der Küche fürchtete man, den Investor zu verärgern, Valentine hingegen trat die Flucht nach vorn an. Einer Eingebung folgend, riss er eine Packung Tortillas auf, nahm eine heraus, stopfte die Zutaten für das Club Sandwich in die weiche, fluffige Hülle, rollte das ganze Paket zylinderförmig auf und verschloss es mit geschmolzenem Käse. Er wusste es zu diesem Zeitpunkt nicht, aber er hatte durch Zufall eine Ikone geschaffen.

Der Banker konnte nicht genug davon bekommen. Nach kurzer Zeit waren »Club Sandwich Wraps« fester Bestandteil der Speisekarte im Cafe. Valentines Geistesblitz, traditionell amerikanische Zutaten in einem typisch mexikanischen Gericht zu verpacken, traf bei allen, die es aßen, ins Schwarze.

Es kommt nicht oft vor, dass eine Zutat zu so gut wie zu jedem Essen passt. Wenn ihr wie Valentine in die Situation kommt, schnell reagieren zu müssen, wird diese Geschichte euch lehren, dass ihr immer einen Verbündeten im Schrank habt. Mit einem Wrap könnt ihr nichts falsch machen, denn er bietet einfach unzählige Möglichkeiten.

MEXIKANISCHE *MOLDES*

In Guanajuato, in der überwiegend trockenen Region der zentralen Hochebene Mexikos, führen die indigenen Otomi die antike Tradition, Tortillas zu verzieren, bis heute fort. Seit Jahrhunderten werden zum »Bedrucken« frischer Weizen- oder Maistortillas kunstvolle Bilder in die Formen aus Mesquiteholz graviert und natürliche Farben aus einheimischen Pflanzen gewonnen.

In früheren Zeiten wurden diese (komplett essbaren) Kunstwerke mit den Gesichtern von Heiligen geschmückt, heute zeigen sie normalere Bildersymbolik aus der Umgebung. Die geschnitzten Mesquiteholz-*Moldes* dienen häufig als Geschenke für hohe Gäste als Zeichen des Respekts und werden noch immer hergestellt und auf einheimischen Bajio-Märkten verkauft.

Beispiele für Tortilla-Kunst

AUGENMASKE

KÜRBISLATERNE

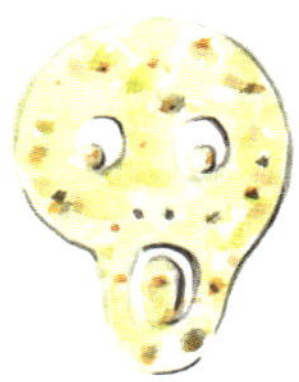

DER SCHREI

KRONE

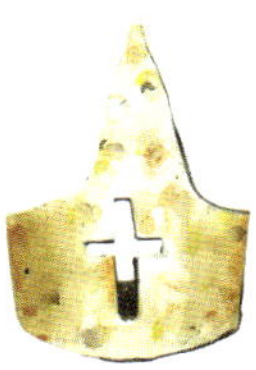

MITRA

BUCH

KRANICH

DER MOND

KNUSPRIGE CHIMICHANGAS MIT HOISIN-ENTE

Ein Chimichanga ist im Prinzip ein frittierter Burrito. Durch die Füllung mit knusprigem, gezupftem Hoisin-Entenfleisch ist dieses Gericht wie eine heiße Entenfleisch-Frühlingsrolle.

FÜR 6 PORTIONEN

4 Entenkeulen

Salz nach Geschmack

¼ Zimtstange

1 TL Fenchelsamen

1 TL schwarze Pfefferkörner

1 EL Sesamöl

1 kleine Karotte, geschält und in Julienne-Streifen geschnitten

¼ Kopf Chinakohl, geraspelt

2 Frühlingszwiebeln, in Julienne-Streifen geschnitten, sowie Extra-Frühlingszwiebeln zum Garnieren

1 TL sehr klein geschnittener Knoblauch

1 TL frischer Ingwer, fein geschnitten

3 EL Hoisin-Soße sowie Extra-Soße zum Servieren

2½ EL Mehl

2 EL Wasser

6–8 große Weizentortillas

neutrales Öl zum Ausbacken

Gurke, in Stäbchen geschnitten, zum Servieren

1. Die Entenkeulen mit Küchenpapier trocken tupfen, von beiden Seiten gut mit Salz würzen und bei Zimmertemperatur 1½ Std. ruhen lassen.
2. In der Zwischenzeit die Zimtstange, Fenchelsamen und schwarze Pfefferkörner im Mörser zu einem groben Pulver mahlen.
3. Den Ofen auf 150 °C Ober-/Unterhitze (Umluft: 130 °C) vorheizen.
4. Die Entenkeulen wiederum trocken tupfen, dann von allen Seiten mit der Würzmischung einreiben. Mit der Hautseite nach oben auf ein Gitter über einem Backblech legen und 1 Std. 20 Min. rösten.
5. Unterdessen das Sesamöl in einer Pfanne auf mittlerer Hitze erwärmen und Karotte und Kohl mit einer Prise Salz 2–3 Min. anbraten, bis dass Gemüse etwas mürbe wird, aber noch Biss hat. Beiseite stellen.
6. Die Ofentemperatur auf 220 °C Ober-/Unterhitze (Umluft: 200 °C) erhöhen und die Ententeile zum Schluss 10 Min. richtig kross backen. Beiseite stellen zum Ruhen und Abkühlen, dann Fleisch, Haut und alles von den Knochen lösen, grob zerkleinern und in eine Schüssel geben, damit es etwas abkühlt.
7. Das angegarte Gemüse, Frühlingszwiebeln, Knoblauch, Ingwer und Hoisin-Soße mit dem Entenfleisch vermengen. Wenn Gemüse und Fleisch gut gewürzt waren, müsste es genug Salz haben; falls jedoch nötig, nachsalzen.
8. Aus dem Mehl und 2 EL Wasser eine Paste anrühren. Mit dem Finger die Paste auf dem oberen Rand einer Tortilla verteilen, ein paar Löffel der Füllung in die Mitte geben, die Tortilla zu einer festen, dicken Zigarre rollen und die Seiten dabei nach innen falten. Mit den anderen Tortillas wiederholen.
9. In einem hohen, schweren Topf 3 cm Öl sehr hoch erhitzen und die Chimichangas auf allen Seiten im Fett schwimmend sattbraun ausbacken. Mit einem Schöpflöffel herausnehmen und auf Küchenpapier abtropfen lassen. Mit zusätzlicher Hoisin-Soße, Frühlingszwiebeln und Gurkenstückchen servieren.

SELBST GEMACHTE PIZZA-NACHOS

Es gibt sie, diese schwierigen Tage, an denen ihr euch nicht zwischen Pizza und Nachos entscheiden könnt. Unser Tipp: Entscheidet euch für Pizza-Nachos. Entscheidet euch für das Leben.

FÜR 6–8 PORTIONEN

60 g ungesalzene Butter, geschmolzen

1 TL Knoblauchpulver

1 TL getr. Oregano

1 TL getr. Basilikum

20 g Parmesan, gerieben

8 Weizentortillas mit 20 cm Ø, in je 8 Dreiecke geschnitten

115 g Pizzasoße

115 g Pizza-Mozzarella, gerieben

70 g Mini-Salamischeiben

1. Den Ofen auf 180 °C Ober-/Unterhitze (Umluft: 160 °C) vorheizen. Zwei Backbleche mit Backpapier auslegen.
2. In einer Schüssel Butter, Knoblauchpulver, Kräuter und Parmesan mischen. Die Tortilla-Dreiecke hineingeben und gründlich darin wenden, sodass sie gleichmäßig umhüllt sind.
3. Die umhüllten Tortilla-Stücke auf den Blechen so verteilen, dass sie einander nicht überlappen. 8–10 Min. backen, bis sie knusprig und gerade goldfarben sind. Aufpassen, denn sie können schnell knusprig werden.
4. Die Nachos in einer Ofenpfanne ausbreiten und Pizzasoße, Mozzarella und Salamischeiben darauf verteilen.
5. Im Ofen 8 Min. überbacken bzw. bis der Käse geschmolzen ist. Schlagt zu!

CHICAGO-PIZZA-CRUNCHWRAP

Die Urahnen dieser Pizza kamen nachweislich aus Italien und gelangten mit italienischen Einwanderern über den Atlantik nach Chicago. Dort erhielt das neapolitanische Original eine dickere Kruste und einen Berg Toppings auf den Mozzarellakäse. Wir haben das Deep-Dish-Konzept (amerikanische Form mit hohem Rand) genommen und die Pizza stolz in einen Crunchwrap gesteckt.

FÜR 6–8 PORTIONEN

2 TL Öl oder mehr, falls nötig

650 g Bratwurst ohne Pelle

250 g grüne Paprikaschoten, gewürfelt

250 g Pilze, in Scheiben geschnitten

1 mittelgroße Zwiebel, klein geschnitten

5 Knoblauchzehen, gehackt

900 g passierte Tomaten

2 TL getr. Oregano

1 TL getr. Chiliflocken

2 TL Zucker

Salz nach Geschmack

6 große Weizentortillas

400 g Mozzarella, in Scheiben geschnitten

140 g Salamischeiben

20 g Parmesan zum Servieren, fein gerieben

1. Den Ofen auf 180 °C Ober-/Unterhitze (Umluft: 160 °C) vorheizen.
2. Das Öl in einer großen Sautierpfanne auf mittlerer bis großer Hitze erwärmen. Wurstbrät hinzugeben, mit einem Holzlöffel in der Pfanne zerkleinern und etwa 5 Min. anbraten bzw. bis es schön gebräunt ist. Mit einem Schöpflöffel herausnehmen und in eine große Schüssel geben.
3. In derselben Pfanne Paprika und Pilze etwa 10 Min. braten, bis sie weich und karamellisiert sind, dann in die Schüssel mit dem Wurstbrät geben.
4. Falls notwendig, einen weiteren Schluck Öl in die Pfanne gießen und die Zwiebel etwa 5 Min. anbraten bzw. bis sie weich und glasig ist. Knoblauch hinzufügen und 1 Min. anbraten, bis er duftet. Passierte Tomaten, Oregano und Chiliflocken dazugeben und zum Kochen bringen, dann Hitze reduzieren und etwa 15 Min. köcheln lassen, bis die Soße eingedickt ist. Kosten und mit dem Zucker und etwas Salz abschmecken – die Soße müsste ganz leicht süß sein, mit Kick.
5. Gut 100 ml der Soße in die Wurstbrätmischung in der Schüssel geben und umrühren, damit alles gut umhüllt ist. Die restliche Soße zum Abkühlen beiseite stellen.
6. Eine große ofenfeste Pfanne oder eine hohe runde Backform mit Backpapier auslegen, dann 5 Tortillas so darin arrangieren, dass der Boden bedeckt ist und sie sowohl einander als auch die Kante überlappen. Gut die Hälfte des Mozzarellas in die Mitte geben, gefolgt von der Wurstbrätmischung. Eine Lage Salamischeiben daraufgeben, dann den restlichen Mozzarella. Alles mit der letzten Tortilla abdecken, dann die Ränder der anderen Tortillas zum Verschließen umklappen. Ein Stück fettdichtes Papier oben darauflegen und nun mit einer zweiten schweren Pfanne mit flachem Boden beschweren.
7. Den Wrap 25 Min. im Ofen backen, dann herausnehmen und durch Umdrehen auf einen Teller legen. Wieder in die Form gleiten lassen. Die Oberseite mit einer ordentlichen Schicht Tomatensoße bedecken und noch einmal 5 Min. in den Ofen geben. Vor dem Servieren mit geriebenem Parmesan bestreuen.
8. Mit eventuell übrig gebliebener Tomatensoße und Extraparmesan servieren.

HÄHNCHEN

SFC

SCHOTTISCHES BRATHÄHNCHEN

WER JE IN EINEM TAKE-AWAY-RESTAURANT IN GLASGOW WAR, WIRD NICHT ÜBERRASCHT SEIN: SCHOTTLAND HAT DAS FRITTIEREN SCHON IMMER EXTREM ERNST GENOMMEN.

Man braucht eine spezielle Art von Kochhirn, um auf etwas so Verrücktes wie den frittierten Schoko-Karamell-Riegel zu kommen.

Vor dem Mittelalter kamen Hähnchen und Öl kaum miteinander in Berührung. In den meisten Teilen Europas wurde Geflügel ziemlich gleich zubereitet: im Topf gekocht oder über offenem Feuer geröstet. Im Grunde mit recht ordentlichem Ergebnis; trotzdem waren nicht alle damit zufrieden. Es brauchte für den Entschluss, die Sache einmal anders anzugehen, ein verkanntes Genie in einer heruntergekommenen mittelalterlichen schottischen Küche.

Wer dieser von der Geschichte des Kochens vergessene Titan auch war, er oder sie schenkte der Welt eine ganz neue Denkweise in puncto Hähnchen. Es fiel auf, dass der Vogel, wenn er komplett in kochendem Fett versenkt wurde, nicht nur feuchter und saftiger blieb, sondern dass er auch appetitlich knusprig wurde. Vielleicht hatte man auch früher schon Speisen frittiert, aber kein Hähnchen. Hier wurde Neuland betreten.

Trotz dieser Entwicklung unterschied sich das Essen damals geschmacklich drastisch von dem, was wir heute unter Brathähnchen verstehen. Das hing nicht unwesentlich mit der entspannt-»wurschtigen« Haltung der Köche zum Thema Gewürzregal zusammen. Die ersten Brathähnchen waren ohne Ausbackteig, ungewürzt und ohne Firlefanz – schottische Herrschaften bevorzugten offenbar Vögel, die nach einer kleinen Weile in brodelndem Fett möglichst unverändert serviert wurden.

Erst im 17. und 18. Jahrhundert wurde die Methode allmählich weiterentwickelt, als die ersten schottischen Einwanderer in Nordamerika ankamen. Versklavte Afrikaner brachten ihre eigenen Traditionen mit, und dazu gehörten Ausbackteige, das Würzen und das Ausbacken in Fett. Es dauerte nicht lange, bis die beiden Techniken zusammenkamen und der Rest ist paniert-frittierte Geschichte.

Aus der Legende der schottischen Ursprünge des Brathähnchens kann man zwei Dinge lernen. Erstens: Nicht alle essbaren Dinge, die je aus Großbritannien kamen, sind von Natur aus scheußlich. Zweitens: Man weiß nie, wann oder wo ein köstliches und geflügeliges Essen auftauchen könnte. Gebt diese Zutat irgendeiner beliebigen Kultur, und im Nu könnt ihr einen wahren Schatz an Köstlichkeiten bergen.

Berühmte Hühner der Geschichte

250 VOR CHRISTUS

Wer die Wahnsinnsmacht des Huhns anzweifelt, braucht dringend eine Lektion in Geschichte. Im alten Rom sagten Auguren die Zukunft aus dem Fressverhalten der Hühner voraus. Dieses feierliche Ritual hieß »auspicium ex tripudiis«. 249 v. Chr. machte Konsul Publius Claudius Pulcher den Fehler, eine negative »Hühnerlesung« zu ignorieren, und warf die beleidigenden heiligen Vögel ins Meer. Prompt mussten sich seine Streitkräfte in der verheerenden Schlacht von Drepana von den Karthagern ganz schön rupfen lassen.

1945

Das Federvieh sagt nicht nur dräuendes Ungemach voraus, manche Exemplare könnten sogar unsterblich sein. 1945 wurde ein Hahn aus Colorado namens »Miracle Mike« zur internationalen Sensation, als er seine eigene Exekution überlebte. Sein vermeintlicher Mörder und späterer Manager Lloyd Olsen pfuschte beim Köpfen und ließ gerade so viel von Mikes Stammhirn an der Wirbelsäule, dass dieser danach 18 Monate lang weiterleben konnte. Er trat bei einer Reihe von Shows in ganz Amerika auf. Mike starb schließlich durch einen »Unfall«, als er vor einem Auftritt in Phoenix (Arizona) an einem zu großen Kornstück erstickte.

1974

Nicht alle Helden tragen Käppi, manche tragen Hühnerkostüme. Die kalifornische Legende Ted Giannoulas hat sich seinen Namen dadurch gemacht, dass er in seiner 40-jährigen Laufbahn bei Tausenden von verschiedenen Sportveranstaltungen als Riesenhuhn verkleidet erschien.
Er war unter den liebevollen Namen »The famous Chicken«, das berühmte Huhn, »The KGB Chicken« (KGB ist ein kalifornischer Sender) oder einfach »The Chicken«, das Huhn, bekannt. Giannoulas war bei über 5.000 Sportveranstaltungen – am bekanntesten ist, wie er den Kämpfern bei der Wrestlemania XV die Show stahl. Zudem spielte er sogar eine Coverversion von Rod Stewarts »Da Ya think I'm Sexy?« ein.

RICHTIG GUTE BRATHÄHNCHEN-SANDWICHES

Wenn ihr die Mühe auf euch nehmen und Hähnchen zu Hause frittieren wollt, könnt ihr es auch gleich anständig machen. Es kursieren viele Rezepte in der Welt, die verwirrend, fehlerhaft oder einfach mies sind. In London gibt es einen wahnsinnig guten Laden für frittiertes Hähnchen, das »Butchies«. Unser Rezept beschreibt im Wesentlichen, wie es dort gemacht wird (ohne die industrielle Druckfritteuse).

FÜR 6–8 PORTIONEN

8 hochwertige Hähnchenoberschenkel ohne Knochen und Haut

1 x Rezept Falsche Buttermilch-Marinade (S. 27)

3 EL Wodka

2 große Eier, verquirlt

200 g italienisches Mehl Type 00 (alternativ Weizenmehl Type 405)

100 g Mehl

20 g schwarzer Pfeffer aus der Mühle

1 gehäufter EL feines Meersalz

½ TL Knoblauchpulver

1 TL Cayennepfeffer

½ TL Paprika

Rapsöl zum Ausbacken

Zum Servieren:

Kartoffelbrötchen (S. 18)

Knoblauch-Kräuter-Mayonnaise (S. 23)

Gewürzgurken (S. 22)

Eisbergsalat, in feine Streifen geschnitten

1. Die Hähnchenoberschenkel in der Buttermilch-Marinade einlegen und 16–20 Std. in den Kühlschrank stellen.
2. Wenn es losgehen soll mit dem Kochen, das Fleisch herausnehmen, damit es Zimmertemperatur annimmt.
3. Unterdessen den Wodka mit den Eiern verquirlen und in eine flache Schüssel geben. In einer flachen, 23 cm breiten Backform die beiden Mehle mit schwarzem Pfeffer, Salz, Knoblauchpulver, Cayennepfeffer und Paprika vermischen.
4. Die Hähnchenoberschenkel aus der Marinade nehmen und auf ein Kuchengitter legen; vollständig abtropfen und trocknen lassen. Wenn sie noch sehr feucht sind, mit Küchenpapier etwas trocken tupfen. Die Schenkel im gewürzten Mehl wälzen und darauf achten, dass es überall hinkommt (bis in die letzte Hautfalte) und dass nichts feucht ist. Überschüssiges Mehl sorgfältig abschütteln und Schenkel beiseite stellen.
5. 2 EL der Wodka-Ei-Mischung in das restliche Mehl träufeln, dann vorsichtig und schnell mit den Fingerspitzen im Mehl verteilen (nicht zu stark bearbeiten, sonst entsteht eine zähe Panade).
6. Einen gewürzten Hähnchenoberschenkel in die restliche Wodka-Ei-Mischung hineinlegen und wenden, um es gründlich zu benetzen, abtropfen lassen und schließlich in die »streuselige« Panademischung legen. Die Panade auf jeder Seite fest andrücken; vor dem Andrücken jeweils mehrfach wenden. Nun vorsichtig herausnehmen und auf ein Gitter legen. Mit den anderen Oberschenkeln wiederholen und allesamt 15 Min. ruhen lassen.
7. Eine große gusseiserne Pfanne, einen gusseisernen Topf oder einen anderen hohen, schweren Topf 3 cm mit Öl füllen und auf 180 °C erhitzen. Portionsweise das panierte Fleisch ins Öl geben und 6–7 Min. ausbacken, dabei mehrmals wenden, damit die Schenkel gleichmäßig braun werden. Mit einem Schöpflöffel die gegarten Oberschenkel zum Abtropfen auf ein Gitter legen.
8. Die Brötchen toasten (wir bestreichen sie gern mit Butter und legen sie in die Grillpfanne, dann bekommen sie ein »angekohltes« Aroma), Mayonnaise darauf und mit Hähnchenfleisch, Gurkenscheiben und Salat belegen.

HONIG-SENF-HÄHNCHEN-ROLLBRATEN

Von den im Internet begeistert geteilten Rollbraten-Rezepten ist dies unser Lieblingsrezept. Es mag etwas einschüchternd aussehen, in Wahrheit ist es aber wirklich einfach und gehört zu den beeindruckendsten Gerichten, mit denen ihr bei eurer nächsten Dinnerparty vor den Gästen herumstolzieren könnt.

FÜR 6–8 PORTIONEN

2 EL ungesalzene Butter

1 große Zwiebel, klein geschnitten

100 g frisches weißes Paniermehl

20 g frische Thymianblätter

20 g frische Salbeiblätter, fein gehackt

9 Schweinebratwürste (mindestens 90 % Schwein) ohne Pelle

1 TL feines Meersalz

1 TL schwarzer Pfeffer

60 g Ganzkornsenf

30 g (2 EL) Dijonsenf

90 g (5 EL) Honig sowie Extrahonig zum Bestreichen

1 Knoblauchzehe, klein geschnitten und zerdrückt

6 große und gleich große Hähnchenbrüste

500 g dick geschnittene Scheiben durchwachsener Bauchspeck

400 ml Konditorsahne

Salz und schwarzer Pfeffer aus der Mühle nach Geschmack

Zitronensaft nach Geschmack

1. Den Ofen auf 180 °C Ober-/Unterhitze (Umluft: 160 °C) vorheizen.
2. Die Butter in einer schweren Bratpfanne auf mittlerer Hitze zum Schäumen bringen, dann die Zwiebel hineingeben und vorsichtig anbraten, bis sie weich ist (etwa 5 Min.). Beiseite stellen.
3. Paniermehl, Thymian, Salbei, Wurstbrät, Salz und Pfeffer in eine große Schüssel geben und mit den Händen vermischen. In einer separaten Schüssel die Senfsorten, Honig und Knoblauch verquirlen. Abschmecken und auf zwei Schälchen aufteilen.
4. Die Hähnchenbrüste mit Schmetterlingsschnitt einschneiden und mit einem Nudelholz zu gleichmäßiger Dicke klopfen. Das Fleisch auf einem großen Bogen fettfreiem Papier rechteckig anordnen und darauf achten, dass sie einander überlappen. Das Rechteck sollte 2 aufgeklappte Hähnchenbrüste (also 4) breit und 3 Hähnchenbrüste hoch sein.
5. Das Hähnchenfleisch mit einem Schälchen Honig-Senf-Mischung bestreichen. Die Füllung auf dem Fleisch verteilen, dabei am von euch aus gesehen hinteren Rand 3 cm sowie an den Seiten je 1 cm frei lassen. Die Mischung auf das Fleisch klopfen. Die Schicht darf nicht zu dick sein, sonst lässt es sich nicht gut aufrollen.
6. Mithilfe des fettfreien Papiers den unteren Rand der zunächst liegenden Fleischstücke anheben und sehr vorsichtig und behutsam (aber trotzdem fest, niemand will einen instabilen Rollbraten!) das ganze Ding aufrollen; das Papier dabei abziehen. Den Rollbraten ins Gefrierfach legen, damit das Hähnchen etwas fest wird.
7. Für die gewebte Speckhülle die Bauchspeckstreifen dehnen; dafür mit einem Messer der Länge nach behutsam, aber fest darüberstreichen. Das verhindert, dass sie beim Braten zu sehr schrumpfen. Die Hälfte der Streifen nebeneinanderlegen, so breit, wie der Rollbraten lang ist. Sie müssen so lang sein, dass man sie später einmal um den ganzen Braten legen kann. Jeden zweiten Speckstreifen umklappen und nach oben legen und einen Streifen als ersten »Schussfaden« im »Gewebe« quer über die anderen Streifen legen. Nun die umgeklappten Streifen über diesen legen. Als Nächstes die jeweils anderen Speckstreifen über den ersten quer liegenden Streifen nach oben klappen und wieder einen Streifen quer über die liegen gebliebenen Speckstreifen legen. Wiederholen, bis die Speckmatte fertig gewebt ist.
8. Das Fleisch aus dem Gefrierschrank nehmen und behutsam an einer Kante der Speckmatte anlegen, dann das Ganze zu einem imposanten Rollbraten aufrollen. Auf mittlerer Schiene 40 Min. backen, herausnehmen und mit Honig bestreichen. Noch einmal für die letzten 20–30 Min. in den Ofen geben bzw. bis der Rollbraten gar und der Speck kross ist.
9. Unterdessen die restliche Honig-Senf-Mischung mit der Konditorsahne in einen kleinen Stieltopf geben und simmern lassen, bis die Soße an einem Löffelrücken haftet. Nach Geschmack Salz, Pfeffer und einen Spritzer Zitronensaft hinzugeben. Zum aufgeschnittenen Hähnchenrollbraten reichen.

MINI-BURGER MIT AUSGEBACKENEM HÄHNCHEN À LA POMMESBUDE

Warum soll Fisch die ganze Gaudi haben? Diese Currysoße ist das einzig Wahre und passt sehr gut zum malzigen Geschmack des Ausbackteigs.

FÜR 6–8 PORTIONEN

Currysoße:

1 EL Pflanzenöl

1 EL ungesalzene Butter

1 große Zwiebel, klein geschnitten

2 Knoblauchzehen, sehr klein geschnitten

1 Prise Salz plus etwas mehr nach Geschmack

1 EL mildes Currypulver

½ TL chinesisches Fünf-Gewürze-Pulver

150 g Apfelstückchen

500 ml Gemüsebrühe

1 EL Maismehl (Maisstärke), gemischt mit 2 EL Brühe

1 EL Honig bzw. nach Geschmack

½ TL Selleriesalz bzw. nach Geschmack

1 Spritzer Zitronensaft

Hähnchen:

2 Hähnchenbrüste, mit Schmetterlingsschnitt und in 8–10 Stücke geschnitten

feines Meersalz nach Geschmack plus 1 TL für das Würzmehl

neutrales Öl zum Frittieren

200 g Mehl

70 g Maismehl (Maisstärke)

1 TL schwarzer Pfeffer

1 gehäufter TL Backpulver

350 ml Amber Ale, sehr kalt

Zum Servieren:

Milchbrötchen (S. 20)

gesalzene Butter zum Bestreichen

Schnell eingelegte Zwiebeln (S. 21)

1. Für die Currysoße Öl und Butter in einem großen Topf erhitzen, Zwiebel und Knoblauch mit einer Prise Salz hineingeben und etwa 5 Min. anschwitzen, bis sie süß und glasig sind. Die Gewürze hinzufügen, in die Zwiebeln rühren, dann den Apfel dazugeben. Einige Min. anbraten, bis die Apfelstückchen anfangen, etwas zu zerfallen, und schließlich Gemüsebrühe hinzugeben und simmern lassen, bis die Flüssigkeit um die Hälfte reduziert ist (7–8 Min.).
2. Das Gemisch im Mixer zu einer glatten Masse verarbeiten, dann wieder in den Topf füllen. Bei niedriger Hitze mit dem Schneebesen das Maismehlgemisch einrühren, um die Soße etwas anzudicken, zum Schluss kommen Honig, Selleriesalz und falls nötig ein Spritzer Zitronensaft hinzu. Warm halten.
3. Das Hähnchen leicht mit Salz würzen und bei Zimmertemperatur 30 Min. stehen lassen. In der Zwischenzeit das Öl in einem hohen, schweren Topf auf 175 °C erhitzen.
4. Die Mehle, Pfeffer und Backpulver mit 1 TL Salz vermischen. Die Hähnchenteile mit Küchenpapier trocken tupfen und jedes Stück im gewürzten Mehl wenden; überschüssiges Mehl abschütteln. Beiseite stellen.
5. Für den Ausbackteig das Bier vorsichtig mit dem verbliebenen Mehl vermischen. Ein bemehltes Hähnchenstück in den Teig tauchen, darauf achten, dass es gleichmäßig umhüllt ist, und ein wenig abtropfen lassen. Vorsichtig in das heiße Öl geben und etwa 4 Min. frittieren, bis es lecker goldbraun und sehr knusprig ist. Nicht mehr als 3 oder 4 Stücke gleichzeitig frittieren, sonst sinkt die Öltemperatur, dann nimmt der Teig zu viel Öl auf und wird matschig. Mit einem Schöpflöffel herausnehmen und kurz auf Küchenpapier abtropfen lassen, dann auf ein Gitter legen, während weiterfrittiert wird.
6. Die Milchbrötchen toasten, großzügig mit Butter bestreichen. Mit Hähnchenfleisch, Currysoße und eingelegten Zwiebeln belegen. Schwelgen.

SANDWICHES MIT HÄHNCHENSCHNITZEL CÄSAR

Hähnchenschnitzel war köstlich so, wie es war, aber dieses Rezept hebt die Sache auf ein ganz neues Level. Mit Zitronenspalten und Extrasoße zum Dippen servieren.

FÜR 4 PORTIONEN

6 Scheiben Weißbrot, ohne Kruste

130 g Mehl

2 große Eier, verquirlt

Salz und schwarzer Pfeffer aus der Mühle nach Geschmack

1 EL Dijonsenf

20 g Parmesan, gerieben

1 TL Zitronenzesten

2 Hähnchenbrüste

Pflanzenöl zum Ausbacken

Caesar-Dressing:

6 Anchovisfilets, in Öl, abgetropft

2 Knoblauchzehen

1 großes Ei

2 EL Dijonsenf

Saft von 1 Zitrone

20 g Parmesan, gerieben

235 ml neutrales Öl

schwarzer Pfeffer aus der Mühle nach Geschmack

Zum Servieren:

½ weiße Zwiebel, in dünne Scheiben geschnitten

Saft von 1 Zitrone

1 Handvoll frische Petersilienblätter, ganz

1 Kopf Romanasalat, klein geschnitten

Kartoffelbrötchen (S. 18)

Knoblauch-Petersilien-Butter (S. 27)

Zitronenspalten

1. Den Ofen auf 180 °C Ober-/Unterhitze (Umluft: 160 °C) vorheizen.
2. In der Zwischenzeit alle Dressingzutaten außer Öl und Pfeffer in ein großes zylindrisches Gefäß geben, das hoch und breit genug zum Eintauchen des Pürierstabs ist. Verarbeiten, bis Anchovis und Knoblauch komplett püriert sind, dann nach und nach bei laufendem Pürierstab das Öl hineinfließen lassen; so wird das Dressing dicker. Kosten und mit schwarzem Pfeffer abschmecken, dann im Kühlschrank kühlen.
3. Das Brot in kleine Stücke brechen, auf einem Backblech verteilen und etwa 8 Min. backen, bis es trocken und ein bisschen golden ist. Abkühlen lassen, dann in einen Mixer geben und zu feinem Paniermehl verarbeiten.
4. Paniermehl, Mehl und Eier in getrennte Schalen geben. Das Mehl mit Salz und Pfeffer würzen, den Dijonsenf mit den Eiern verquirlen. Parmesan und Zitronenzesten ins Paniermehl mischen und mit Salz und Pfeffer würzen.
5. Mit einem scharfen Messer die Hähnchenbrüste waagerecht halbieren (Schmetterlingsschnitt), dann ein Hähnchenfilet zwischen 2 Lagen Frischhaltefolie legen. Mit einem Fleischklopfer oder einem Nudelholz vorsichtig dünn klopfen. Mit den übrigen Filets wiederholen.
6. Die Hähnchenfilets einzeln im Mehl wenden, überschüssiges Mehl abschütteln, dann in die Eimischung tauchen und abtropfen lassen und schließlich im Paniermehl wenden, dabei behutsam pressen, damit sie gut umhüllt sind. 10 Min. beiseite stellen.
7. In der Zwischenzeit die Zwiebel mit dem Zitronensaft vermengen und etwa 10 Min. einweichen lassen (das macht sie weicher).
8. In einer schweren Bratpfanne 5 mm Öl erhitzen und die Hähnchenstücke knusprig und goldbraun ausbacken (2–3 Min. von jeder Seite). Mit einem Schöpflöffel herausnehmen und zum Abtropfen auf ein Gitter legen.
9. Überschüssigen Saft aus den Zwiebeln drücken und Zwiebeln mit Romanasalat und den ganzen Petersilienblättern in eine Schüssel geben. Mit ein paar EL Dressing vermengen. Die Brötchen halbieren und mit Knoblauchbutter bestreichen, dann im Ofen oder in der Grillpfanne goldbraun rösten. Jede Hälfte mit Dressing bestreichen, dann mit einem Schnitzelstück und etwas angemachtem Salat belegen. Mit weiteren Zitronenspalten servieren.

ZWEIERLEI HÄHNCHEN AUS DER PFANNE

Der Gedanke hinter Hähnchen aus der Pfanne ist, dass man nur eine einzige Pfanne braucht und das Rezept supereinfach sein sollte. Für die Jalapeño-Variante haben wir uns für eingelegte Jalapeños entschieden, erstens, weil sie häufig einfacher zu finden sind als frische, und zweitens denken wir, dass die leichte Schärfe ganz wichtig ist, um die ganzen üppigen Milchprodukte zu durchdringen. Beim französischen Zwiebelhähnchen besteht der Trick ganz einfach darin, die Zwiebeln liebevoll zu behandeln, das heißt, sie sanft in jenen magischen karamellisierten Zustand hineinzuschmeicheln und erst dann mit dem Käse zu verschmelzen.

FÜR 3 PORTIONEN

Für die französische Zwiebelhähnchen-Pfanne:

2 EL mildes Olivenöl

3 Hähnchenbrüste

Salz und schwarzer Pfeffer aus der Mühle nach Geschmack

1 EL ungesalzene Butter

4 große Zwiebeln, in möglichst dünne Scheiben geschnitten

3 ½ EL Cognac

600 ml Hühnerbrühe (möglichst gute Qualität)

3 ½ EL Konditorsahne

100 g Gruyère, gerieben

Zum Servieren:

Kartoffelbrei mit Butter und Senf

FRANZÖSISCHE ZWIEBELHÄHNCHEN-PFANNE

1. Den Backofen sehr heiß vorheizen und Grillfunktion einstellen.
2. Die Grillpfanne oder eine große, schwere Bratpfanne auf mittlerer Hitze erwärmen und Öl hineingeben. Die Hähnchenbrüste gut mit Salz und Pfeffer würzen, dann von beiden Seiten tiefbraun durchbraten (etwa 10 Min.). Warm stellen.
3. Die Hitze auf niedrigste Stufe stellen, Butter in die Pfanne geben, Zwiebeln hinzugeben und behutsam etwa 1 Std. braten; dabei stetig umrühren, bis sie glasig sind und ein süßes, goldfarbenes Nest gebildet haben. Den Cognac hinzugießen und den Alkohol kurz verkochen lassen. Nun die Hühnerbrühe hinzufügen. Die Hitze etwas höher stellen und in etwa 10 Min. kochend zu einer dicken Flüssigkeit von der Konsistenz einer Bratensoße reduzieren.
4. Konditorsahne sowie viel Pfeffer und Salz nach Geschmack hinzugeben, das Hähnchenfleisch wieder in die Pfanne geben und durcherhitzen.
5. Das Fleisch mit Käse bestreuen und im Backofen grillen, bis der Käse geschmolzen ist.
6. Kartoffelbrei mit Butter und Senf dazu servieren.

Für die Jalapeño-Hähnchenpfanne:

2 EL Olivenöl

3 Hähnchenbrüste

Salz und schwarzer Pfeffer aus der Mühle nach Geschmack

100 g durchwachsener Bauchspeck, in dünne Streifen geschnitten

2 Knoblauchzehen, gehackt

100 g eingelegte Jalapeños, fein gewürfelt

400 ml Konditorsahne

200 g Cheddar, gerieben

100 g Frischkäse

Zum Servieren:

Pommes frites

JALAPEÑO-HÄHNCHENPFANNE

1. Die Grillpfanne oder eine große, schwere Bratpfanne auf mittlerer Hitze erwärmen und Öl hineingeben. Die Hähnchenbrüste gut mit Salz und Pfeffer würzen, dann von beiden Seiten tiefbraun durchbraten (etwa 10 Min.). Warm stellen.
2. Die Hitze herunterstellen und den Speck in die Pfanne geben. In etwa 5 Min. kross anbraten, dann Knoblauch und Jalapeños hinzugeben und etwa 1 Min. braten, bis der Knoblauch duftet.
3. Konditorsahne darübergießen und etwas einkochen lassen, vom Herd nehmen und das Gemisch abkühlen lassen.
4. Geriebenen Käse und Frischkäse unterziehen und abschmecken, dann die Hähnchenbrüste wieder in die Panne geben und servieren. Dieses Gericht ist besonders lecker mit Pommes frites.

HÄHNCHEN MIT ALUFOLIENKUGELN GEBACKEN

Dies ist eine super Art und Weise, ein Hähnchen zuzubereiten. Wenn das Fleisch vorher gesalzen wird, bekommt es sehr viel mehr Geschmack. Mit dem Würzen könnt ihr ruhig großzügig sein: Das Salz (im Zusammenspiel mit der trockenen Luft vom Kühlvorgang im Kühlschrank) ist der Schlüssel zu dieser krossen Haut. Hebt die entfernte Wirbelsäule auf – ihr könnt sie mit dem Hähnchen grillen und dann zum Brühekochen verwenden.

FÜR 4 PORTIONEN

1 Hähnchen, gute Qualität

feines Meersalz

Erdnuss-, Pflanzen- oder Sonnenblumenöl

1. Das Hähnchen auf der Bauchseite aufschneiden und »aufklappen« oder den Metzger darum bitten. Mit Küchenpapier trocken tupfen und großzügig überall mit viel feinem Meersalz würzen; darauf achten, dass das Salz bis in die letzte Hautfalte gelangt. Das Hähnchen auf ein Backblech legen und im Kühlschrank mindestens 24 Std. unabgedeckt kühlen (am besten 48 Std.).
2. Wenn die Zeit zum Grillen gekommen ist, das Hähnchen herausnehmen und auf Zimmertemperatur kommen lassen. Den Ofen auf höchste Stufe vorheizen – 240 °C Ober-/Unterhitze (Umluft: 220 °C).
3. Das Hähnchen noch einmal mit Küchenpapier trocken tupfen und komplett mit Öl einreiben. Mit noch etwas Salz bestreuen.
4. Zwei einzelne Böoen Alufolie jeweils zu ungefähr der Größe eines Tennisballs zusammenknüllen. Je einen Ball unter die untere Hälfte der Hähnchenbrüste (bei den Beinen) platzieren. Dies soll die Haut freilegen und straffen, die bis jetzt zwischen den Schenkeln gebettet und von ihnen geschützt war, und sorgt für die größtmögliche Menge krosser Haut.
5. Das Hähnchen – Beine voraus – in den Ofen geben und etwa 45 Min. grillen, bis es gleichmäßig und richtig schön goldfarben ist, die Haut stellenweise Blasen wirft und die Flügelspitzen vielleicht etwas angebrannt sind. Wer eine Vorliebe für Fleischthermometer hat (die solltet ihr haben, sie sind wirklich nützlich): Die Temperatur durch das Bein gemessen soll 85 °C betragen, in der Brust 70 °C – oder so um den Dreh. Jedenfalls: Wenn es fantastisch aussieht und das Fleisch sich leicht von den Knochen lösen lässt, ist es fertig. Etwa 15 Min. ruhen lassen, dann zusammenfügen und nach Belieben verwenden.

KARTOFFEL

DAS VERLORENE LAND *der Kartoffel*

OBERFLÄCHLICH BETRACHTET HAT ES MIT DER KARTOFFEL NICHT VIEL AUF SICH. KINDHEITSERINNERUNGEN AN FADE PELLE UND DURCHGEWEICHTE BRATKARTOFFELN HABEN WAHRSCHEINLICH BEI UNS DAS GEFÜHL HINTERLASSEN, SIE SEIEN EIGENTLICH LANGWEILIG.

Obwohl auf der ganzen Welt Kartoffeln gegessen werden, beweist nur ein einziges Land, wie besonders diese Zutat sein kann.

Peru ist anders als die meisten Orte, die ihr mit Kartoffeln in Verbindung bringen könntet.

An der Küste reicht der Sand der Sechura-Wüste direkt bis in den Ozean hinein, während an der östlichen Landesgrenze ein üppiger tropischer Dschungel wuchert. Keine Gegenden, in denen man Pommes-Erzeugung erwartet – und dennoch findet man hier mehr Kartoffelsorten als irgendwo sonst auf der Erde.

In Peru sind erstaunliche 4.000 einzigartige Unterarten beheimatet – hier werden Kartoffeln in jeder möglichen Form und Größe erzeugt. Manche Knollen weisen konzentrische Farbkreise auf, wenn sie in der Mitte durchgeschnitten werden, andere hingegen sehen etwas mehr wie verlorene Kieselsteine auf einem vergessenen Gartenweg aus. Es ist etwas ganz anderes als der Anblick der knubbeligen, öden Knollen in unseren Supermärkten.

Abgesehen von den bombastischen Farben fasziniert an den peruanischen Kartoffeln am meisten, wie sie sich anfühlen und schmecken. Die normalerweise feinen Unterschiede in der Textur zwischen festkochend und mehlig weichen einer Fülle an starken Kontrasten von krümelig über schwammig bis faserig und allem, was dazwischenliegt. Ein Spektrum an herben, süßen und wohlschmeckenden Aromen bedeutet, dass es für jeden Gaumen eine peruanische Kartoffel gibt.

Eine Stippvisite in Peru für den wöchentlichen Kartoffeleinkauf ist für die meisten von uns leider eher unpraktisch. Aber es gibt keinen Grund, den peruanische Respekt für das, was die Kartoffel sein kann, nicht auch in unsere Küchen zu übertragen. Beim Landbau in den Anden dreht sich alles darum, die Vielfalt dessen zu erkennen, was man zur Hand hat. Wie Peru zeigt, gibt es keine Ausrede für ein langweiliges Abendessen, wenn eine Kartoffel mitwirkt.

Allzweckhelfer Kartoffeln

Wenn man nicht in Peru lebt, sind Kartoffeln nicht gerade die sexiest Knollen alive. Das 16. Jahrhundert haben sie als neuestes ausländisches Trendfood zugebracht. In der Folge haben sie sich in der recht berechenbaren Routine Pommes, Chips und Kartoffelbrei eingerichtet. Schaut über diese 08/15-Anwendungen hinaus und es öffnet sich eine ganz auf Stärke beruhende erheiternde Welt. Dies alles und noch viel mehr könnt ihr mit der Kartoffel machen:

1. EINEN KAPUTTEN SCHEIBENWISCHER REPARIEREN

Reibt man mit der Schnittfläche einer Kartoffel über die Windschutzscheibe, wird das Glas mit Stärke beschichtet und das Wasser gleitet hinunter, das Glas bleibt klar.

2. SCHMERZEN NACH EINEM INSEKTENSTICH LINDERN

Kartoffel einfach in der Mitte durchschneiden und die Schnittfläche auf den betroffenen Bereich auflegen. Wenn der Juckreiz abklingt, Kartoffel wegnehmen und Stelle mit Wasser abspülen.

3. ANGELAUFENES SILBER REINIGEN

Es mag seltsam klingen, das kostbare Familiensilber im Kartoffel-Kochwasser zu baden, aber tatsächlich können unappetitliche Patinaflecken so entfernt werden.

WÜRZIGE CAJUN-POMMES 1 + 2

So müssen Pommes sein. Wenn ihr keinen Rindertalg finden könnt (mal ernsthaft, wer kann das schon?), könnt ihr die Kartoffeln in Brühe vorkochen, das ist eine preisgünstige Schnellfassung, die auch richtig viel Geschmack ergibt. Außerdem schmecken die Pommes dann ein bisschen nach Chips und Co.

FÜR 6 PORTIONEN

1½ kg große mehligkochende Kartoffeln (je größer, umso besser)

2 EL feines Meersalz

1½ l Rinderbrühe (von Brühwürfeln) bzw. so viel, dass die Kartoffeln bedeckt sind

neutrales Öl zum Frittieren

Cajun-Gewürz:

2 TL feines Meersalz

1½ TL weicher hellbrauner Zucker

1 TL Cayennepfeffer bzw. nach Geschmack

2 TL gem. Kreuzkümmel

1 EL Zwiebelpulver

1 EL Knoblauchpulver

1 TL Paprikapulver

½ TL Rauchpaprikapulver

1. Die Kartoffeln schälen, in sehr dicke, lange Pommes schneiden und zum Einweichen immer sofort in eine große Schüssel mit kaltem Wasser geben. In mehreren Durchgängen mit jeweils frischem Wasser die Stärke ausspülen.
2. Mit dem Salz in einen großen Topf geben und mit der Rindfleischbrühe bedecken. Zum Köcheln bringen und etwa 15 Min. garen bzw. bis sie fast (aber noch nicht) zerfallen. Mit einem Schöpflöffel herausnehmen und zum Trockendampfen auf ein Gitter legen.
3. Das Öl in einem hohen, schweren Topf auf 140 °C erhitzen (hier ist ein Küchenthermometer hilfreich) und mit einem Schöpflöffel oder einem Frittierkorb die Hälfte der abgekühlten, trockenen Pommes hineingeben. Die Temperatur sollte auf etwa 130 °C sinken. Die Temperatur möglichst in diesem Bereich halten und die Pommes 10 Min. garen bzw. bis sich eine krosse Haut gebildet hat, die aber noch nicht braun wird. Die Pommes herausholen und auf das Gitter legen, dann die zweite Portion genauso frittieren und herausnehmen.
4. Die Öltemperatur auf 180 °C erhöhen. Beide Partien getrennt noch ein paar Min. frittieren bzw. bis sie anfangen, aufzuschwimmen. Dies zeigt an, dass sie fertig sind. Kurz auf Küchenpapier abtropfen lassen, dann in eine große Schüssel geben.
5. Die Cajun-Gewürzmischung zusammenzaubern, über die Pommes geben und gut vermengen, bis sie gründlich umhüllt sind. Servieren.

KARTOFFELBREI-TALER MIT DIP

Seid froh, wenn bei euch mal Kartoffelbrei übrig bleibt: Hier kommt das ultimative Rezept zum Aufbrauchen. Gebt ordentlich gebratenen Speck und Cheddar hinzu, formt aus dem Teig Taler und paniert diese. Solides Wirtschaften kam noch nie so sexy daher.

FÜR 8 PORTIONEN

1,2 kg mehligkochende Kartoffeln, geschält und gewürfelt (oder etwa 1 kg übrig gebliebener Kartoffelbrei)

12 Scheiben Bauchspeck, kross angebraten

200 g Cheddar, gerieben

10 g Schnittlauch, fein gehackt

1 TL feines Meersalz

1 TL schwarzer Pfeffer, sehr grob gemahlen

250 g Mehl

3 Eier, verquirlt

250 g feines trockenes Paniermehl, gewürzt

neutrales Öl zum Braten

Sour Cream zum Servieren

1. Wird nicht mit Kartoffelbreiresten gearbeitet, die Kartoffeln in einen großen Topf geben und mit Wasser bedecken. Zum Kochen bringen und 15–20 Min. garen, bis beim Einstechen mit dem Messer kein Widerstand mehr zu spüren ist. Abgießen und zum Abdampfen in den Topf zurückgeben. Zu einer glatten Masse zerstampfen oder durch ein Sieb in eine große Schüssel streichen und vollständig erkalten lassen.
2. Den Speck in den Kartoffelbrei krümeln, ebenso Käse, Schnittlauch, Salz und Pfeffer hineingeben und alles gründlich durchmischen.
3. Ein großes Backblech mit Backpapier auslegen, die Masse darauf verteilen und zu einer ebenmäßigen Schicht zurechtdrücken. 30 Min. bis 1 Std. im Kühlschrank ruhen lassen, bis die Masse fest ist.
4. Masse aus dem Kühlschrank nehmen und mit einer runden (Ø 8 cm) Ausstechform Taler ausstechen. Die restliche Kartoffelmasse zusammenrollen, erneut genauso dick ausbreiten und weiter Taler ausstechen, bis alles aufgebraucht ist.
5. Mehl, Eier und Paniermehl in einzelne Schalen geben.
6. Jeden Kartoffeltaler mit Mehl umhüllen, überschüssiges Mehl abschütteln, dann ins Ei geben, umhüllen und schließlich im gewürzten Paniermehl wenden und gut umhüllen.
7. In einer hohen, schweren Bratpfanne 1 cm Öl erwärmen und die Kartoffeltaler 5–6 Min. knusprig und goldbraun braten; nach der Hälfte der Zeit wenden. Herausnehmen und auf Küchenpapier abtropfen lassen.
8. Mit Sour Cream servieren. Guten Appetit!

ZWEIERLEI BELEGTE POMMES

Gibt es einen herrlicheren Anblick als einen Riesenberg Pommes? Wir glauben, nein. Vor allem nicht, wenn auch noch eure Lieblingsessen obendrauf sind. Diese belegten Pommes hebt man sich am besten für eine besondere Gelegenheit auf (Geburtstag vom Hund, Jahrestag der Trennung), die man mit einer Menge Freunden begeht.

FÜR 8 PORTIONEN

Für die Pommes mit Lasagne:

1 EL mildes Olivenöl

200 g Pancetta, gewürfelt

1 kg Rinderhackfleisch (10 % Fett)

1 große Zwiebel, fein gewürfelt

1 Prise Salz plus etwas mehr nach Geschmack

3 Knoblauchzehen zerdrückt

250 g passierte Tomaten

1 EL Tomatenmark

150 ml Rotwein

150 ml Rinderbrühe

100 ml Konditorsahne

4 frische Lasagneblätter, in kleine Quadrate geschnitten

40 g Parmesan, gerieben, sowie Extraparmesan zum Bestreuen

2 frische Mozzarella-Kugeln zu je 125 g, zerzupft

1 kg TK-Pommes

Für die Pommes mit BBQ-Hähnchen:

4 Hähnchenbrüste

400 ml Barbecuesoße

1 kg TK-Pommes

150 g Cheddar, gerieben

200 g Bauchspeck, in Streifen geschnitten und angebraten

3 EL eingelegte Jalapeños, gewürfelt

Soße:

225 g Mayonnaise

110 g Sour Cream

½ TL Paprikapulver

½ TL Zwiebelpulver

¼ TL Knoblauchpulver

1 EL getr. Schnittlauch

1 EL getr. Petersilie

½ TL feines Meersalz

POMMES MIT LASAGNE:

1. Das Öl in einer großen, schweren Sautierpfanne erhitzen, Pancetta hineingeben und schön braun und etwas knusprig anbraten (etwa 5 Min.). Mit einem Schöpflöffel herausnehmen und in eine Schüssel geben. Die Hitze höher stellen, Rinderhackfleisch – in zwei Partien – dazugeben und jeweils beim Anbraten mit einem Holzlöffel zerkleinern. Schön anbräunen (etwa 5 Min. pro Partie). Das Fleisch zur beiseite gestellten Pancetta geben, wenn es fertig ist. Die Zwiebel mit einer Prise Salz in dieselbe Pfanne geben, die Hitze herunterstellen und etwa 10 Min. braten, bis sie schön weich ist. Knoblauch hinzugeben und weitere ca. 30 Sek. braten, bis er lecker duftet.
2. Fleisch und Speck wieder in die Pfanne geben und passierte Tomaten, Tomatenmark, Rotwein und Brühe hinzugeben, alles umrühren und zum Köcheln bringen. 1 Std. fröhlich vor sich hin blubbern lassen, dabei ab und zu umrühren und falls nötig etwas Wasser hinzufügen – zu trocken soll die Mischung nicht sein.
3. Die Hitze reduzieren, Konditorsahne, Pasta-Quadrate, Parmesan und Mozzarella hineingeben und alles miteinander verrühren.
4. In der Zwischenzeit die Pommes nach Packungsanleitung zubereiten, entweder im Backofen oder durch Frittieren in viel heißem Öl (unsere Lieblingsmethode). Die Pommes in eine große Pfanne oder auf eine Servierplatte geben.
5. Jetzt wird's ausgeflippt: Die ganze Lasagnesoße über die Pommes leeren und extra Parmesan darüberstreuen.

POMMES MIT BBQ-HÄHNCHEN

1. Den Ofen auf 160 °C Ober-/Unterhitze (Umluft: 140 °C) vorheizen.
2. Das Hähnchenfleisch in einer kleinen Backofenpfanne anordnen, mit der Barbecuesoße übergießen und mit Alufolie abdecken. 1 Std. backen; nach der Hälfte der Zeit das Fleisch wenden. Das Fleisch aus dem Ofen nehmen, mit 2 Gabeln kleinzupfen und nach Geschmack würzen.
3. Die Ofentemperatur auf 200 °C Ober-/Unterhitze (Umluft: 180 °C) erhöhen. Unterdessen die Pommes nach Packungsanweisung entweder im Ofen oder in Frittieröl zubereiten.
4. Die fertigen Pommes auf ein großes, tiefes Backblech geben. Das Fleisch mit dem Löffel darauf verteilen und mit dem geriebenen Käse bedecken. Für 10 Min. in den Ofen schieben.
5. In der Zwischenzeit die Soßenzutaten miteinander vermischen und in eine Quetschflasche oder Spritztüte füllen (oder in eine Schüssel, und dann mit einem Löffel über das Essen klecksen).
6. Wenn der Käse ganz geschmolzen ist und lecker aussieht, Soße, knusprigen Speck und Jalapeños kunstvoll darauf verteilen.

ÜBERBACKENE KNOBLAUCH-TARTIFLETTE-KARTOFFELSCHALEN

Die besten Gerichte sind oft die, die einen woandershin befördern. Bei diesem Essen ist es nicht schwer, sich vorzustellen, man säße in den französischen Alpen in einer Holzhütte am prasselnden Feuer. Zerfließender Reblochon und salzige Bauchspeckstreifen haben so ein gewisses Etwas, das wunderbar zu den knusprigen Kartoffelschalen passt und einem eine cremige Portion Wohlbehagen spendet, egal, ob man nun gern Wintersport macht oder einfach gern in Sahne und Käse schwelgt.

FÜR 6–8 PORTIONEN

7 Bananenschalotten, geschält und der Länge nach geviertelt

2 ganze Knoblauchknollen

100 ml Wasser

2 EL Weißweinessig

1 EL feiner Zucker

1 TL Olivenöl

120 g extradicke Scheiben durchwachsener Bauchspeck

3 ½ EL Weißwein

175 ml Konditorsahne

240 g Petit Reblochon, in Scheiben geschnitten (ein Camembert ist auch in Ordnung, falls ihr keinen Reblochon finden könnt)

eingelegte Cornichons und grüner Salat zum Servieren

Kartoffelschalen:

4 große Backofenkartoffeln

Olivenöl zum Beträufeln

Meersalzflocken zum Bestreuen

1. Den Ofen auf 180 °C Ober-/Unterhitze (Umluft: 160 °C) vorheizen.
2. Die Schale der Kartoffeln einstechen und die Kartoffeln auf hoher Stufe etwa 15 Min. in der Mikrowelle garen bzw. bis ein Messer ganz leicht hindurchgleitet. Alterativ den Backofen auf 200 °C Ober-/Unterhitze (Umluft: 180 °C) vorheizen und die Kartoffeln 1 Std. backen bzw. bis man beim Einstechen mit dem Messer keinen Widerstand spürt. Halbieren und vorsichtig in der Mitte bootsförmig aushöhlen. Dabei aufpassen, dass die Schale nicht reißt. Die Kartoffelmasse für eine andere Verwendung beiseite stellen (vielleicht für unsere Kartoffelbrei-Taler mit Dip von S. 195).
3. Die Schalen in eine Backofenpfanne geben, mit Olivenöl beträufeln und mit Salz besprenkeln. Ungefähr 1 Std. backen, bis sie richtig kross sind.
4. Die Schalotten mit dem Knoblauch in eine extra Backofenpfanne geben, Wasser hineingießen, Essig und Zucker dazugeben (dies wird einkochen und einen köstlichen Geschmack hinterlassen). 1 Std. schmoren bzw. bis der Knoblauch in seiner Schale weich ist und die Schalotten zu einer marmeladenartigen Konsistenz reduziert sind. Ab und zu umrühren und falls nötig mehr Wasser dazugeben.
5. Das Olivenöl in einer kleinen Pfanne auf mittlerer Hitze erwärmen und die Bauchspeckscheiben 3–4 Min. braten, bis sie etwas Farbe angenommen haben, aber nicht zu kross sind; dann mit dem Weißwein den Pfannenboden ablöschen. Die Hitze reduzieren, sodass der Speck nur ganz leise schmurgelt, nun die Sahne dazugeben und die Mischung 5 Min. leicht simmern lassen, bis sie eingekocht ist. Den geschmorten Knoblauch aus den Schalen in die Sahnemischung pressen, dann abschmecken.
6. Die geschmorten Schalotten und die sahnige Specksoße in die Kartoffelschalen füllen und ein paar ordentliche Scheiben Reblochon auf jede Schale legen.
7. Die Kartoffelschalen wieder in den Ofen geben und überbacken, bis der Käse geschmolzen ist. Heiß mit eingelegtem Gemüse und Salat servieren.

LASAGNE DAUPHINOIS

Schichten aus cremiger Rinderhackfleischsoße mit Käse zwischen perfekt gekochten Kartoffeln bringen zwei unserer liebsten Essen aller Zeiten zusammen. Was folgt, ist ein Liebesdienst – es brauchte ein paar Anläufe, bis es richtig perfekt wurde, aber schließlich ist es uns gelungen.

FÜR 6 PORTIONEN

1,1 kg kleine, gleich große mehligkochende Kartoffeln

1 l Vollmilch plus Extramilch, falls nötig

½ mittelgroße Zwiebel

2 Lorbeerblätter

Salz und schwarzer Pfeffer aus der Mühle nach Geschmack

50 g ungesalzene Butter plus Extrabutter zum Einfetten

40 g Mehl

80 g Parmesan, fein gerieben, plus Extraparmesan für die Lasagneschichten

1 x Rezept für Hackfleischsoße (S. 23)

200 g Pizza-Mozzarella oder Mozzarellascheiben

1. Den Ofen auf 160 °C Ober-/Unterhitze (Umluft: 140 °C) vorheizen.
2. Die Kartoffeln in sehr dünne Scheiben schneiden (noch besser: mit einer Reibe arbeiten) und mit der Milch, der Zwiebelhälfte und den Lorbeerblättern in eine breite, hohe Sautierpfanne geben. Mit Salz und Pfeffer würzen. Zum Köcheln bringen und etwa 7–10 Min. garen, bis die Kartoffeln beim Einstechen mit der Messerspitze ganz weich sind (auf die Scheiben ganz unten aufpassen, die setzen gerne an). Die Scheiben mit einem Schöpflöffel vorsichtig auf einen Teller geben. Lorbeerblätter und Zwiebel entsorgen.
3. Die restliche Milch in einen Messbecher geben. Wenn es weniger als 700 ml Flüssigkeit sind, mit frischer Milch bis zu dieser Menge auffüllen.
4. In einer großen Pfanne die Butter bei mittlerer Hitze erwärmen, bis sie schäumt, dann Mehl hinzugeben und 1–2 Min. anschwitzen, bis es nach Keks duftet. Nach und nach die Milch hinzugeben und bis eine glatte Béchamelsoße entsteht, die ganze Zeit kräftig mit einem Holzlöffel rühren, damit sich die Klümpchen gut auflösen. Vom Herd nehmen, Parmesan kräftig einrühren und mit Salz und Pfeffer abschmecken.
5. Eine große ofenfeste Gusseisenpfanne oder Lasagneform leicht mit Butter einfetten. Eine dünne Schicht Béchamelsoße hineinschöpfen, ein Drittel der gekochten Kartoffeln darauf anordnen, dann ein Drittel der Hackfleischsoße sowie ein Drittel der restlichen Béchamelsoße darüber verteilen. Ein Drittel des Mozzarellas lose daraufstreuen und etwas Extraparmesan darüberreiben. Die Schichten wiederholen – Kartoffeln, Hackfleischsoße, Béchamelsoße, Käse. Mit der dritten Schicht ist Schluss. Darauf achten, dass die gesamte restliche Béchamelsoße verbraucht wird.
6. Die Lasagne 1 Std. backen, bis sie herrlich goldfarben ist. Aus dem Ofen nehmen und 15 Min. stehen lassen, dann servieren (mit einem Salat zum Beispiel).

FRÜCHTE

BAUM DER 40 Früchte

DER GEDANKE, EIN EINZIGER BAUM KÖNNTE 40 VERSCHIEDENE OBSTSORTEN HERVORBRINGEN, KLINGT –, VERDÄCHTIG NACH EINEM WISSENSCHAFTLICHEN EXPERIMENT, DAS KOMPLETT AUS DEM RUDER GELAUFEN IST.

Wir haben alle genug Low-Budget-Science-Fiction-Filme gesehen und wissen, was passieren kann, wenn man Mutter Natur ins Werk pfuscht. Allerdings haben wir es einem in New York lebenden Künstler mit Pioniergeist zu verdanken, dass ein obstsortenreicher Baum kein alptraumartiges Hirngespinst mehr ist, sondern ein lebendes und atmendes Zeugnis dafür, was man verwirklichen kann, wenn man bereit ist, Grenzen zu überwinden.

Zu Beginn seiner Karriere ging Sam Van Akens Interesse dahin, beim Radiopublikum dazwischenzufunken und nicht beim Anbau von Lebensmitteln.

Dieses Interesse am Erschaffen führte Van Aken schließlich zum Wunder der Pflanzenveredelung. Mit dieser seit Jahrtausenden im Gartenbau angewandten Technik ist es möglich, das Gewebe von verschiedenen Pflanzen an ein und demselben Baum zu verbinden und zusammenzuwachsen. Man kann also an einem Stamm individuelle Äste mit komplett unterschiedlichen Obstsorten haben. Zwar wird dieses Verfahren angewendet, um Pflanzen zu schützen und die Zeit bis zur Ernte zu verkürzen, doch Van Aken war entschlossen, die Grenzen der Veredelung zu erforschen.

Er erwarb 1 Hektar des Bundesstaates New York und begann mit dem ersten seiner international bekannten »Bäume der 40 Früchte«. Er nahm Triebe von allen einzigartigen Arten des Obstgartens und pfropfte allesamt auf den Hauptstamm eines Baumes. So erschuf er einen Hybriden, der von Nektarinen bis zu Pfirsichen und Mandeln alles zugleich hervorbringt.

In den darauffolgenden Jahren erschuf er mehrere andere Bäume, die jeweils über drei Dutzend verschiedene Obstsorten zugleich hervorbringen konnten. Er bereiste die Vereinigten Staaten und pflanzte sie zwischen New York und Maine. Heute gibt es über 20 Standorte. In jedem Frühjahr sieht man ein Kaleidoskop aus Rosatönen verschiedener Blüten aus einer einzigen Quelle und später Obst in allen Formen und Größen. Essen und Magier mischen sich eher selten – Van Aken und seine Bäume könnten die beste Art sein, die wir haben, um diese beiden zusammenzubringen.

Die Orangenschlacht

Essensschlachten verlieren ihren Reiz, wenn wir älter werden, aber es gibt ein paar Anlässe, zu denen es noch immer für alle akzeptabel ist, das Abendessen in die Hand zu nehmen und als Waffe zu benutzen. In der italienischen Kleinstadt Ivrea kommen die Einheimischen alljährlich zusammen und spielen den Sturz eines Tyrannen aus dem 12. Jahrhundert und seiner Schergen nach: Sie verteilen sich auf neun Teams und greifen einander mit rund 230 000 Kilo frisch gepflückter Orangen an.

Die größte Essensschlacht Italiens wird über drei Tage ausgetragen und ist so brutal, dass die Teilnehmer für ihre Sicherheit eine mittelalterliche Rüstung tragen müssen. Nicht selten tragen Einwohner der Stadt in diesem Ansturm Schrammen und Beulen davon. Die Kampfhandlungen finden in den Vorbereitungen zu einem riesigen Fest auf der zentralen Piazza schließlich ein abruptes Ende.

ANANAS ALS STATUSSYMBOL

Die Zeiten für die Ananas sind schwer geworden. Früher, zierte sie die Feiern der Reichen und Berühmten und sonnte sich in ihrem Ruhm, weil sie höchst speziell aussah und teuer war. Wer den Preis von 8.000 Pfund nicht aufbrachte, um eine Ananas zu besitzen, konnte sich eine mieten und sie mit sich herumtragen, ein bisschen wie eine stachelige Chanel-Tasche. Sexy! Traurigerweise sind sie nicht mehr das begehrte, oberangesagte Obst, darum gedenkt ihrer ein klein wenig, wenn ihr das nächste Mal an ihr vorübergeht.

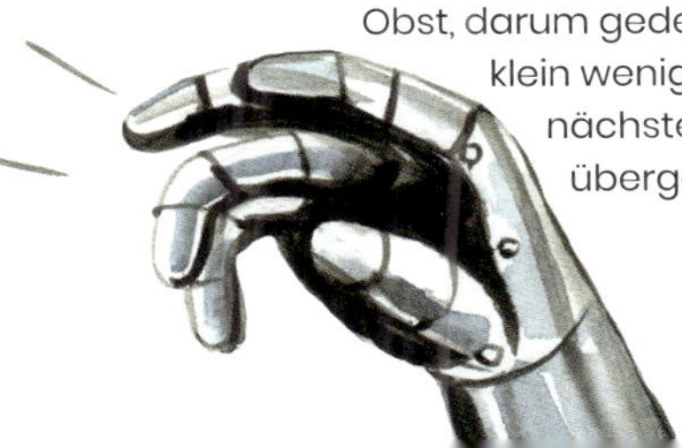

GEBACKENER APFEL-CRUMBLE-KÄSEKUCHEN

Apfel-Streusel ist die Urform des englischen Nachtischs schlechthin. Vor dem geistigen Auge taucht ein perfekter Landhaus-Küchentisch auf, umringt von herzigen Kindern mit rosigen Bäckchen, die sich lautstark um eine dampfende tönerne Backform mit süßen Äpfeln und knusprigen Streuseln drängen. Wir haben diese Grundschwingung heimeliger Spießigkeit in einen leicht zuzubereitenden Käsekuchen umgeleitet, der überwältigend lecker und ganz easy zu machen ist.

FÜR 8 PORTIONEN

Apfelfüllung:

5 Äpfel (am besten eine Sorte, die beim Backen die Form behält, z.B. Granny Smith oder Pink Lady), geschält, ohne Kernhaus und grob in Stücke geschnitten

1 TL gem. Zimt

100 g Rohrzucker

Streusel:

80 g Rohrzucker

80 g Mehl

80 g kalte ungesalzene Butter, gewürfelt

40 g (gute alte) Haferflocken

Boden:

12 Vollkornkekse mit möglichst wenig Zucker

60 g geschmolzene Butter plus Extrabutter zum Einfetten

1 Prise Salz

Käsekuchenmischung:

600 g Frischkäse

250 g Mascarpone

1 Vanilleschote, Mark herausgekratzt

150 g feiner Zucker

2 große Eier

5 EL Mehl, gesiebt

60 g Puderzucker, gesiebt

1. Den Ofen auf 180 °C Ober-/Unterhitze (Umluft: 160 °C) vorheizen. Boden und Seiten einer Springform (Ø 23 cm) einfetten und mit Backpapier auslegen; damit sich der Käsekuchen später einfacher vom Boden schieben lässt, das Papier so umschlagen, dass der Rand nach unten weist.
2. Äpfel in einer Auflaufform mit Zimt und Zucker mischen und etwa 45 Min. backen bzw. bis die Äpfel weich sind und der Zucker geschmolzen ist. Nach der Hälfte der Zeit nachsehen und einen Spritzer Wasser hineingeben, falls es so aussieht, als würde etwas zu schnell karamellisieren. Zum Abkühlen aus dem Ofen nehmen und die Temperatur auf 160 °C Ober-/Unterhitze (Umluft: 140 °C) herunterstellen.
3. Alle Streusel-Zutaten in einen Mixer geben und verarbeiten, bis das Gemisch eine Konsistenz aus erbsengroßen »Kieselsteinchen« angenommen hat. Auf ein Blech kippen, mit Frischhaltefolie bedecken und beiseite stellen.
4. Für den Boden die Kekse in die Küchenmaschine geben und fein zerkleinern. Geschmolzene Butter und Salz hinzugeben und weiterverarbeiten, bis eine feuchte, sandartige Masse entstanden ist.
5. Die Keksmasse zu einem kompakten Boden in die vorbereitete Springform drücken.
6. Für die Käsekuchenmischung in einer großen Schüssel mit einem Handmixer (oder in einem Standmixer) Frischkäse, Mascarpone, Vanillemark und Zucker gründlich verrühren. Die Eier einzeln hinzugeben und einzeln unterrühren. Das Mehl und zum Schluss den Puderzucker vorsichtig unterheben. Das entstandene Gemisch sollte nicht zu nass sein – ein Apfelstückchen darauflegen und wenn es versinkt, mehr Puderzucker hinzugeben, bis die Mischung etwas steifer ist.
7. Die Käsekuchenmasse gleichmäßig in der Kuchenform auf dem Keksboden verteilen. Die gebackenen Äpfel in einer gleichmäßigen Lage daraufgeben, zum Schluss mit den Streusel bestreuen.
8. Den Kuchen 75 Min. backen. Er müsste gleichmäßig aufgegangen und leicht gewölbt sein, mit krossen und goldenen Streusel.
9. Aus dem Ofen nehmen und abkühlen lassen. Den Kuchen für mindestens 3 Std. in den Kühlschrank stellen, bevor man ihn aus der Form nimmt, damit er fest wird.

HIMBEER-KÄSEKUCHEN-SCHNECKEN MIT ZUCKERGUSS

Die Himbeere ist definitiv die Königin der Beeren – süß und trotzdem taff. Hier ruht sie auf einem süßen Thron aus weichem Teig, gehüllt in den Königsmantel aus seidigem Käsekuchen. Warm aus dem Ofen und mit Puderzuckerglasur schmecken sie absolut umwerfend.

FÜR 12 STÜCK

Teig:

240 ml Milch, erwärmt

135 g Kristallzucker

1½ EL Trockenhefe

115 g ungesalzene Butter, auf Zimmertemperatur gebracht und weich, sowie Extrabutter zum Einfetten

½ TL feines Meersalz

2 große Eier

565 g Mehl sowie Extramehl zum Bestäuben

Füllung:

225 g Frischkäse, weich gerührt

60 g ungesalzene Butter, auf Zimmertemperatur

125 g feiner Zucker

1 TL Vanilleextrakt

Zesten von 1 Zitrone

600 g TK-Himbeeren

2 EL Maismehl (Maisstärke)

Guss:

125 g Puderzucker, gesiebt

60 ml Konditorsahne

1. In einer großen Schüssel warme Milch, Zucker und Hefe vermischen und etwa 5 Min. stehen lassen, bis es schäumt.
2. Die weiche Butter, Salz, Eier und Mehl dazugeben und gut vermengen, bis ein Teig entsteht. Eine zweite Schüssel einfetten, den Teig hineingeben, abdecken und an einem warmen Oft etwa 1 Std. gehen lassen bzw. bis der Teig sein Volumen verdoppelt hat.
3. Unterdessen den Ofen auf 200 °C Ober-/Unterhitze (Umluft: 180 °C) vorheizen. Eine 23 x 33 cm große Backform einfetten und mit Backpapier auslegen.
4. In einer großen Schüssel Frischkäse, Butter, Zucker, Vanille und Zitronenzesten kräftig zu einer glatten Masse verrühren.
5. Die gefrorenen Himbeeren mit dem Maismehl vermischen, bis sie gut umhüllt sind. Beiseite stellen.
6. Den Teig abschlagen und auf einer leicht bemehlten Fläche zu einem etwa 46 x 30 cm großen und etwa 5 mm dicken Rechteck ausrollen.
7. Die Frischkäsemasse gleichmäßig auf dem Teig verstreichen, dann die gefrorenen Himbeeren darauf verteilen. Den Teig mit einer gewissen Festigkeit aufrollen und in 12 gleich große Schnecken aufschneiden. Die Schnecken mit dem »Gewinde« nach oben in die vorbereitete Form setzen. Abdecken und etwa 30 Min. gehen lassen.
8. Die Schnecken 25–35 Min. backen, bis sie goldbraun und fluffig sind. Aus dem Ofen nehmen und etwas abkühlen lassen.
9. Für den Guss Puderzucker und Konditorsahne glatt rühren und auf die noch warmen Schnecken auftragen. Guten Appetit!

ÄPFEL IN ZIMTKRINGELN

Dies war unser Video mit den allermeisten Klicks: Seit Weihnachten 2017 wurde es unanständige 137 Millionen Mal angesehen. Diese fast unfassbar riesige Horde von Twisted-Fans wusste offenbar, dass wir da ins Schwarze getroffen hatten. Ist ja zum Kringeln!

FÜR 8 PORTIONEN

60 g ungesalzene Butter, geschmolzen plus etwas mehr zum Einfetten

4 fertige Mürbeteigplatten, gekühlt

800 g Äpfel zum Backen (z.B. Granny Smith), geschält, ohne Kernhaus und in dünne Scheiben geschnitten

150 g feiner unraffinierter Rohrzucker

1 TL gem. Zimt

3 EL Mehl

1 Ei, mit etwas Milch verquirlt

Vanilleeis zum Servieren (optional)

Zimtmischung zum Bestreuen:

1 EL gem. Zimt

1 EL feiner Zucker

1. Den Ofen auf 180 °C Ober-/Unterhitze (Umluft: 160 °C) vorheizen. Eine Kuchenform (Ø 23 cm) mit Butter einfetten.
2. Die Zutaten für die Zimtmischung zum Bestreuen mischen.
3. Eine Teigplatte ausrollen, komplett mit geschmolzener Butter einstreichen und gleichmäßig mit einem Teil der Zimtmischung bestreuen. Die Platte fest aufrollen und in 5 mm dicke, runde Scheiben schneiden. Mit den übrigen Teigplatten wiederholen.
4. Die Hälfte der Scheiben nebeneinander in der Kuchenform anordnen. Fest andrücken, sodass sie einen lückenlosen »Kringelmantel« bilden, und zwar bis oben an die Kante der Form. Mit dem Eigemisch einstreichen und beiseite stellen.
5. Die Äpfel mit Zucker, Zimt und Mehl vermengen, bis sie gründlich umhüllt sind, dann das Ganze in den vorbereiteten Teigmantel füllen.
6. Einen großen Bogen fettdichtes Papier auf die Arbeitsfläche legen und die restlichen Teigkringel auf dem Papier zu einer runden Fläche aneinanderlegen. Einen zweiten Papierbogen darauflegen. Mit einem Nudelholz den Teig zwischen den beiden Bögen leicht ausrollen, sodass die Kringel am Ende eine Teigplatte bilden (nicht zu fest aufdrücken, die Teigplatte soll nicht zu dünn werden). Den oberen Papierbogen abziehen und die Teigplatte mithilfe des unteren Bogens auf den Kuchen stürzen. Papier dann entfernen. Teig ringsherum an der Kante herunterdrücken und Teigmantel schließen. Überschüssigen Teig mit einem Messer an der Kante entlang abschneiden. Den Teigdeckel gleichmäßig mit dem restlichen Eigemisch bestreichen und in der Mitte kreuzförmig einschneiden (kleine Schnitte), damit der Dampf entweichen kann.
7. Den Kuchen 45 Min. backen, bis die Äpfel gar sind und der Teigmantel eine goldbraune Farbe hat.
8. Mit Vanilleeis servieren. Guten Appetit!

GESTÜRZTER BANANENKUCHEN

Gestürzte Kuchen sind ungefähr so 70er-Jahre wie avocadogrüne Badezimmer, Käseigel und haarige Männer in engen Hosen. Wir haben beschlossen, dieses einfache, aber zutiefst selig machende Konzept »Obst auf Kuchen« wiederaufzugreifen, und setzen dabei auf die Aromen von Karamell, Schokolade und Banane in einer opulenten Süßspeise. Am besten warm essen.

FÜR 8 PORTIONEN

Topping:

50 g ungesalzene Butter

80 g Rohrzucker

80 ml Ahornsirup

½ TL Maismehl, mit 1 TL Wasser vermischt

4 feste Bananen (lassen sich besser aufschneiden)

Teig:

200 g ungesalzene Butter, weich

200 g weicher hellbrauner Zucker

3 mittelgroße Eier

100 ml Vollmilch

300 g Mehl

3 TL Backpulver

1 Prise Salz

2 reife Bananen, püriert

100 g Milchschokolade, gleichmäßig zerkleinert

1. Den Ofen auf 180 °C Ober-Unterhitze (Umluft: 160 °C) vorheizen. Eine quadratische Kuchenform (20 x 20 cm) mit Backpapier auslegen.
2. Butter, Rohrzucker und Ahornsirup in einem Stieltopf auf niedriger Hitze verrühren. Unter häufigem Umrühren so lange kochen, bis sich der Zucker auflöst – nicht überkochen lassen! Zum Stabilisieren und Eindicken des Karamells die Maismehlmischung einrühren, dann vom Herd nehmen. Vorsichtig in die Kuchenform gießen.
3. Die Bananen der Länge nach in je etwa 4 waagerechte Scheiben aufschneiden. An den Enden so zurechtschneiden, dass die Kanten gerade und die Stücke genau 10 cm lang sind. Diese in der Backform gleichmäßig in einer einzigen Schicht im Karamell anordnen. Im Kühlschrank 30 Min. kühlen.
4. Unterdessen für den Teig Butter und Zucker in eine große Schüssel geben und mit einem elektrischen Handmixer aufschlagen, bis die Mischung eine hellere Farbe bekommen hat. Die Eier einzeln hinzugeben und einzeln unterrühren. Die Milch dazugießen, dann Mehl, Backpulver und Salz darübersieben und unterheben. Zum Schluss die pürierten Bananen und die Schokostückchen unterziehen. Die Mischung behutsam auf die Bananenscheiben im Karamell geben und darauf achten, dass diese sich nicht so sehr verschieben.
5. Die Kuchenform auf ein Backblech stellen (die Karamellsoße könnte sonst den Ofen verkleckern, falls etwas aus der Form läuft) und etwa 50 Min. backen, bis der Kuchen goldbraun ist und ein Holzstäbchen beim Einstechen sauber wieder herauskommt.
6. Etwa 5 Min. in der Form abkühlen lassen, dann auf eine Servierplatte stürzen. Bloß nicht vergessen, sonst klebt der Kuchen an der Form fest.

BLAUBEER-CHARLOTTE ROYALE

Wenn ihr mit dieser absoluten Schönheit in den Händen beim heimischen Kuchenbasar auftaucht, werden euch alle beneiden, von den Kindern mit ihren armseligen Cupcakes bis zu den Müttern, die sich an ihren Kuchen aus Omas Zeiten festklammern. Aber seid unbesorgt: Obwohl die Charlotte Royale imposant ist, lässt sie sich überraschend einfach zubereiten. Sie sieht allerdings ein bisschen wie ein Gehirn aus.

FÜR 8 PORTIONEN

ungesalzene Butter zum Einfetten

8 große Eier, getrennt

1 gehäufter TL Vanilleextrakt

230 g Kristallzucker sowie 2½ EL

150 g Mehl

125 g Blaubeermarmelade

Käsekuchenfüllung:

500 ml Konditorsahne

450 g Frischkäse, weich gerührt

125 g gesiebter Puderzucker

¾ TL Vanilleextrakt

1. Den Ofen auf 180 °C Ober-/Unterhitze (Umluft: 160 °C) vorheizen. Zwei hohe Backbleche (25 x 38 cm) einschließlich der Seiten mit Backpapier auslegen und einfetten.
2. Eigelbe, Vanille und Kristallzucker in eine große Schüssel geben und mit einem elektrischen Handmixer aufschlagen, bis die Eigelbe ihr Volumen verdoppelt haben.
3. In einer Extraschüssel das Eiweiß bei mittlerer Geschwindigkeit schaumig schlagen, dann nach und nach die 2½ EL Extrazucker dazugeben und die Geschwindigkeit auf hohe Stufe stellen. So lange schlagen, bis mittelgroße Spitzen stehen bleiben.
4. Das Mehl zur Eigelbmasse sieben und mit einem Schneebesen unterziehen, dann das steif geschlagene Eiweiß darunterheben. Den Teig auf die beiden vorbereiteten Bleche verteilen und gleichmäßig verstreichen.
5. 12 Min. backen, bis sich der Teig weich-elastisch anfühlt. Die Biskuitböden etwa 2 Min. abkühlen lassen.
6. Die Marmelade gleichmäßig auf den Biskuitböden verteilen und die Platten von der kurzen Seite her aufrollen; mit dem Backpapier unterstützen. Vollständig erkalten lassen.
7. In der Zwischenzeit die Käsekuchenfüllung zubereiten. Die Konditorsahne sehr steif schlagen, bis Spitzen stehen bleiben. In einer Extraschüssel Frischkäse, Puderzucker und Vanille kräftig zu einer glatten Masse verrühren, dann die geschlagene Sahne unterheben, bis alles vermischt ist.
8. Eine große, kuppelförmige Glasschüssel mit Frischhaltefolie auslegen. Die Biskuitrollen in 1 cm dicke Scheiben schneiden und die Schale mit ihnen auslegen; dabei die Scheiben leicht aneinanderdrücken. Die Käsekuchenmischung einfüllen und gleichmäßig verteilen, dann mit den restlichen Biskuitschnecken bedecken. Mit Frischhaltefolie abdecken und 4 Std. bzw. über Nacht in den Kühlschrank stellen.
9. Auf eine Servierplatte stürzen und die Frischhaltefolie abziehen. Aufschneiden und servieren.

SCHOKOLADE

MONTEZUMAS
Schokoladen-Libido

MONTEZUMA II. WAR EIN MANN MIT SELTSAMEN GELÜSTEN. ALS HERRSCHER DES ALLMÄCHTIGEN AZTEKENREICHES REGIERTE ER IN EINER DER UNRÜHMLICHSTEN EPOCHEN DER MITTELAMERIKANISCHEN GESCHICHTE.

An einem typischen Tag konnten seine königlichen Pflichten eine große Bandbreite umfassen: vom begeisterten Bejubeln eines Menschenopfers bis zum Schikanieren hilfloser mesoamerikanischer Stammesangehöriger. Im Mittelpunkt seines verwerflichen Alltags stand jedoch die Schokolade.

Für die Azteken war Schokolade viel mehr als eine Geschenkidee, mit der man vergessene Geburtstage auf den letzten Drücker doch noch rettet. Sie galt bei zahlreichen rituellen Aspekten des täglichen Lebens als Bestandteil und genoss höchsten Respekt. Die Schokolade der Azteken wurde nicht in irrsinnig süßen Riegeln gekauft und verkauft, sondern man trank sie stets als dicke, bittere Flüssigkeit; sie wurde heiß serviert und mit Wasser und einheimischen Gewürzen gemischt. Eine Zeit lang war der Anblick von Tassen mit schaumiger Schokolade, die an Straßenständen verkauft wurde, sowohl bei den Azteken als auch in der früheren Maya-Gesellschaft ein normaler Anblick.

Als Montezuma an die Macht kam, wurde Kakao mittlerweile ernster genommen denn je. Er war kein Getränk mehr, das man entspannt auf der Straße trank – Schokolade wurde mit größter Ehrfurcht behandelt, und man hielt sie für »Götternahrung«. So war ihr Genuss nur wenigen Menschen gestattet. Kriegern überreichte man dampfende Tassen, bevor sie in die Schlacht zogen, und Adelige tranken sie als Verdauungstrunk nach dem Essen. Interessanter ist aber vielleicht die Anwendung als königlicher Liebestrunk.

Um einen peinlichen Moment des Lampenfiebers zu vermeiden, ließ Montezuma seinen Hof den Ur-Potenztrunk ersinnen. Eine Mischung aus flüssiger Schokolade, Honig und Chilipulver wurde in einen goldenen Kelch gegossen und ihm in einer Zeremonie gereicht. Sodann trant Montezuma hinaus auf den Palastbalkon, schleuderte den leeren Kelch über die Balustrade und machte sich bereit zur Tat. Dies war, so heißt es, ein tägliches Ritual.

Das Gebräu seiner Höflinge war ein solcher Erfolg, dass Montezuma bald darauf bestand, nichts anderes mehr zu trinken. Man sagte, der schokosüchtige Monarch konnte stolze 50 Kannen zu sich nehmen – tagein, tagaus! Das entspricht ungefähr 25 modernen Bechern im Café.

Auf Heller und Bohne

Kakao wurde von den Mayas und den Azteken einst als eine Art Währung benutzt. Im Heimatland dieser fantastischen Bohne konnte man für zehn Kakaoschoten ein neues Hauskaninchen bekommen! Selbst nach der Ankunft der Spanier im Jahr 1519 wurden die Bohnen noch immer als eine offizielle Form der Währung verwendet.

Ein früher westlicher Beobachter der Aztekenkultur bemerkte, dass Kakaobohnen süße und gar lohnende Getränke für die Menschheit hervorbrächten und die Besitzer behüteten vor der höllischen Pestilenz der Habgier, weil es nicht lang unter der Erde versteckt gehalten werden könne. Ein interessanter Gedanke: Wenn Geld »vergänglich« wäre, würde die Menschheit aufhören, es zu horten und an merkwürdigen Orten zu verbergen (ja, wir meinen euch, Offshore-Banken!).

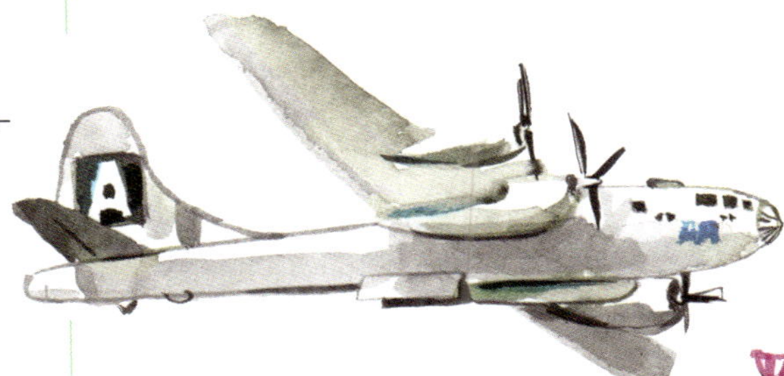

SCHOKOLADEN-BOMBE

Als das Glück die Nazis im Zweiten Weltkrieg verließ, klammerten sie sich in dem Versuch, die Kapitulation zu verhindern, an ein paar recht alberne Strohhalme. Ein Plan war, die Galionsfigur des Widerstands zu ermorden, und zwar den berühmten Zigarrenkauer Winston Churchill. Der Plan sah vor, eine als Schokoriegel getarnte Bombe in Churchills inneres Heiligtum zu schmuggeln. Dort sollte die süße Todestafel explodieren, ihn töten und den Weg frei machen für das Dritte Reich.

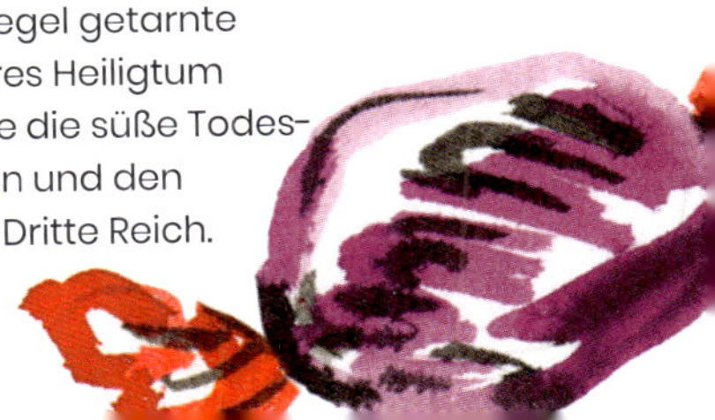

SCHLEMMERTORTE SCHOKO-MOKKA-MOUSSE

Unser aller Lieblingsbohnen Kakao und Kaffee herrlich zelebriert. Schokoladenmousse enthält oft rohes Eiweiß (was manche Leute nervös machen kann), bei unserem hingegen wird einfach Schokolade unter Schlagsahne gezogen. Dieser Mischmasch ist schön leicht und vollmundig und mit dem Kaffee subtil-vielschichtig.

FÜR 8–10 PORTIONEN

Boden:

225 g Vollkornkekse mit möglichst wenig Zucker

85 g Bitterschokolade, in Stücke gebrochen

85 g ungesalzene Butter, geschmolzen und abgekühlt

Mousse:

180 ml Konditorsahne, Zimmertemperatur

2½ TL Instant-Kaffeepulver

200 g Bitterschokolade, fein zerkleinert

500 ml Konditor- oder Schlagsahne, kalt

4 EL Puderzucker

1 gehäufter TL Vanilleextrakt

Ganache:

250 ml Konditorsahne

225 g Bitterschokolade, fein zerkleinert

1. Den Boden einer Springform (Ø 23 cm) einfetten und mit Backpapier auslegen.
2. Im Mixer die Kekse zermahlen, dann die Schokolade hinzugeben und weiterverarbeiten, bis sie in kleine Stückchen zerkleinert ist. Die geschmolzene und abgekühlte Butter dazugießen und alles zu einem Gemisch verarbeiten, das fast wie feuchter Sand aussieht. Die Masse in die vorbereitete Form füllen und gleichmäßig andrücken (eine große Kelle zu Hilfe nehmen). 30 Min. in den Kühlschrank stellen bzw. so lange wie nötig.
3. Unterdessen die Mousse-Füllung zubereiten. Die 180 ml zimmerwarme Sahne und das Kaffeepulver in ein mikrowellengeeignetes Gefäß geben. In 30-Sek.-Intervallen erhitzen, bis sie dampft, aber nicht kocht. Die zerkleinerte Schokolade in eine Schüssel geben und die heiße Sahne darübergießen, dabei umrühren, bis die Schokolade ganz geschmolzen ist. Beiseite stellen und vollständig erkalten lassen.
4. In einer großen Schüssel die 500 ml kalte Sahne mit Puderzucker und Vanille schlagen, bis feste Spitzen stehen bleiben. Nicht überschlagen, sonst wird sie »krisselig« und gerinnt.
5. Die gekühlte Schokoladenmischung unter die geschlagene Sahne ziehen, bis alles soeben vermengt ist. Dazu behutsam vom Boden der Schüssel nach oben ziehen, so werden auch sicher die gesamte Schlagsahne und die gesamte Schokolade gut vereint. Auf den gekühlten Keksboden geben und mit einer Winkelpalette gleichmäßig darauf verteilen. Zum Festwerden 4–6 Std. (oder idealerweise über Nacht) in den Kühlschrank stellen.
6. Vor dem Servieren die Ganache zubereiten. Sahne in der Mikrowelle (oder auf dem Herd) erwärmen, bis sie dampft, aber nicht kocht, dann über die fein zerkleinerte Schokolade gießen. 30 Sek. stehen lassen, dann zu einer glatten Masse verrühren. Etwas abkühlen lassen, damit sie ein wenig dicker wird.
7. Die fest gewordene Torte aus der Springform nehmen. Ein Kuchengitter auf ein Backblech stellen (um die Tropfen aufzufangen) und die Torte daraufsetzen. Ganache gleichmäßig über die Torte gießen. Das Kuchengitter mehrmals behutsam aufschlagen, damit sich die Schokolade besser verteilt. Für 30 Min. wieder in den Kühlschrank stellen und servieren.

BAILEYS
The
ORIGINAL
Irish Cream
PRODUCT of IRELAND

EISWÜRFEL-TRÜFFEL MIT BAILEYS

In diesen hinreißenden Trüffeln steckt unsere liebste Geschmackskombination: Baileys Irish Cream und Schokolade. Ihr könnt sie mit allem füllen, was ihr mögt. Wir finden, dass Himbeeren oder Haselnüsse perfekt passen. Dies ist wohl auch die innovativste Verwendung für eine Eiswürfelform, die wir je gesehen haben.

FÜR 6 PORTIONEN

Ganache:

400 g Bitterschokolade

100 ml Konditorsahne

100 ml Baileys Irish Cream

Schokohülle:

375 g Bitterschokolade, fein zerkleinert

1 EL Kokosöl

Weiße Schokolade-Himbeer-Trüffel:

etwas weiße Schokolade, geschmolzen

frische Himbeeren

Schokolade-Haselnuss-Trüffel:

etwas Milchschokolade, geschmolzen

Haselnüsse, geröstet

1. Für die Weiße-Schokolade-Himbeer-Trüffel: Die geschmolzene weiße Schokolade in Strichelchen über eine Eiswürfelform träufeln und darauf achten, dass auch an den Innenseiten etwas landet. 10 Min. im Kühlschrank kühlen.
2. Für Schokolade-Haselnuss-Trüffel: Den Schritt aus Punkt 1 mit geschmolzener Milchschokolade wiederholen. Als Nächstes die Schokohülle zubereiten: Schokolade und Kokosöl in ein mikrowellengeeignetes Gefäß geben und auf hoher Stufe in 30-Sek.-Intervallen vollständig schmelzen. Die Mischung in die Eiswürfelformen gießen und diese in alle Richtungen schütteln, damit die Schokomischung die Würfelseiten bedeckt. Die Formen umdrehen und die überschüssige Schokolade herauslaufen lassen (und aufbewahren). Nun 5 Min. in den Kühlschrank stellen.
3. Für die Ganache die Schokolade in eine große Schüssel geben. Sahne und Baileys in ein mikrowellengeeignetes Gefäß geben und in der Mikrowelle zum Dampfen bringen, dann über die Schokolade gießen und 1 Min. stehen lassen. Glatt rühren.
4. Jede Vertiefung in den Eiswürfelformen zu einem Drittel mit Ganache füllen.
5. Für die Weiße-Schokolade-Himbeer-Trüffel: In jeden weiße Schokolade-Trüffel eine Himbeere geben, mit Ganache bedecken und glatt streichen. Auf jede Vertiefung die Schokohüllenmischung geben und glätten.
6. Für die Schokoladen-Haselnuss-Trüffel: Den Schritt aus Punkt 5 mit der mit Milchschokolade gestrichelten Form wiederholen; dabei in die Vertiefungen je eine Haselnuss legen.
7. Für ungefüllte Trüffel: Die Vertiefungen einer Eiswürfelform zu einem Drittel mit Ganache füllen und mit der Schokohüllenmischung verschließen.
8. Die Formen 15–20 Min. abkühlen lassen, bis die Trüffel fest sind. Vorsichtig herausnehmen und überschüssige Schokolade abschneiden, falls nötig. Einpacken, wenn sie ein Geschenk sein sollen, oder einfach sich selbst verwöhnen!

BROWNIES MIT GERÖSTETEN HASELNÜSSEN

Was einen perfekten Brownie ausmacht, darüber können leidenschaftliche Debatten entbrennen. Es wurden schon Kriege um weniger geführt. Letzten Endes ist es subjektiv, wie die meisten Dinge*. Findet ihr Nüsse total scheußlich? Mögt ihr Brownies überhaupt? Ist es möglich, in einer Welt in stetigem Fluss Sinn oder Sicherheit zu finden?

*** Dieses Brownie-Rezept ist definitiv und ohne Zweifel das Beste, das ihr je zubereiten werdet – wer das anders sieht, irrt sich.**

FÜR 6 PORTIONEN

300 g ungesalzene Butter

300 g Schokolade (85 % Kakaoanteil), in Stücke gebrochen

4 große Eier

300 g feiner Zucker

100 g Rohrzucker

1 Prise Meersalzflocken plus Extrasalzflocken zum Bestreuen

200 g Mehl

1 TL Backpulver

50 g ungesüßtes Kakaopulver

120 g geröstete Haselnüsse

1. Den Ofen auf 180 °C Ober-/Unterhitze (Umluft: 160 °C) vorheizen. Eine quadratische Backform (23 x 23 cm) einfetten und mit Backpapier auslegen.
2. Die Butter in ein mikrowellengeeignetes Gefäß geben und in der Mikrowelle in 30-Sek.-Intervallen (oder auf dem Herd) stark erhitzen.
3. Die Schokoladenstücke in eine Schüssel geben und die heiße, geschmolzene Butter darübergießen, dabei umrühren, bis die Mischung ganz glatt ist. Beiseite stellen zum Abkühlen.
4. In einer großen Schüssel Eier und beide Zucker gründlich zu einer glatten und hellen Masse verquirlen.
5. Die (gekühlte) Schokoladenmischung zur Eier-Zucker-Masse geben und zu einem glänzenden Teig zusammenrühren. Eine kleine Prise Salz hinzugeben, dann Mehl, Backpulver und Kakaopulver hineinsieben und vorsichtig unterziehen. Zum Schluss die gerösteten Nüsse hineinrühren.
6. Den Teig in die vorbereitete Backform gießen. 20 Min. backen bzw. bis die Ränder durchgebacken aussehen, die Mitte aber noch etwas elastisch ist.
7. Wir lassen unsere Brownies gern im Kühlschrank ganz fest werden, denn so werden sie köstlich kompakt und toffeeartig, ihr könnt sie aber auch sofort essen. Etwas Meersalz darüberstreuen, falls ihr das mögt.

SCHÖNE SCHOKOLADENTORTE

Diese Torte hat alles – sie ist leicht und doch opulent und geradezu dekadent schokoladig. Mit ihren drei Schichten ist sie eine imposante köstliche Torte für feierliche Momente.

FÜR 8–10 PORTIONEN

etwas Butter zum Einfetten
375 g Mehl
675 g Kristallzucker
110 g ungesüßtes Kakaopulver
1 EL Backpulver
2 ¼ TL Natron
1 TL Salz
2 TL Instant-Kaffeepulver
375 ml Milch
185 ml Pflanzenöl
3 große Eier, verquirlt
3 TL Vanilleextrakt
350 ml kochendes Wasser
Schokospäne zum Dekorieren

Ganache:

200 g Bitterschokolade, zerkleinert
450 g Milchschokolade, zerkleinert
675 ml Konditorsahne

1. Den Ofen auf 180 °C Ober-/Unterhitze (Umluft: 160 °C) vorheizen. Die Böden von 3 runden Backformen (Ø 20 cm) einfetten und mit Backpapier auslegen.
2. In einer großen Schüssel oder einem Standmixer Mehl, Zucker, Kakao, Backpulver, Natron, Salz und Instantkaffeepulver vermengen. Gründlich verquirlen oder mit dem Rührelement der Maschine gründlich durchmischen.
3. Milch, Pflanzenöl, Eier und Vanille hinzugeben und bei mittlerer Geschwindigkeit verarbeiten, bis alles gut miteinander vermischt ist.
4. Den Teig gleichmäßig auf die 3 Kuchenformen verteilen und 30–35 Min. backen, bis ein Zahnstocher beim Einstechen sauber wieder herauskommt.
5. Aus dem Ofen nehmen und etwa 10 Min. in den Formen abkühlen lassen, dann die Biskuitböden herausnehmen und auf Kuchengittern vollständig erkalten lassen.
6. Die gesamte zerkleinerte Schokolade für die Ganache in eine große Schüssel geben. Die Sahne in 2 Min. in einem mikrowellengeeigneten Gefäß (bzw. auf dem Herd) erhitzen, bis sie dampft, und nun über die Schokolade gießen. 5 Min. stehen lassen, dann umrühren und vermischen. Bei Zimmertemperatur beiseite stellen, bis sie dick geworden ist.
7. Einen Biskuitboden auf die Tortenplatte legen und mit Ganache bestreichen. Den zweiten Biskuitboden darauflegen und wiederholen. Wenn der dritte Boden aufgelegt ist, die gesamte Torte mit der restlichen Ganache bestreichen und umhüllen. Zum Garnieren Schokoladenspäne auf die gesamte Torte raspeln.
8. Aufschneiden und genießen!

ZEBRABISKUITROLLE MIT SAHNE-KEKS-FÜLLUNG

Es gibt im Leben sehr wenige Gelegenheiten, bei denen man getrost schummeln darf, aber dies ist eine. Das macht es euch viel leichter. Eine fertige Backmischung ist für dieses Rezept perfekt, und ihr erhaltet einen leichten, elastischen Biskuit, der sich ausgesprochen gut aufrollen lässt.

FÜR 6 PORTIONEN

6 große Eier

70 g Sour Cream

3 ½ EL Wasser

3 ½ EL Pflanzenöl

1 Biskuit-Backmischung mit Vanille, 425 g

50 g ungesüßtes Kakaopulver

Füllung:

190 g Frischkäse

150 ml Konditor- oder Schlagsahne

4 ½ EL Puderzucker

75 g Schoko-Doppelkekse, zerkrümelt

1. Den Ofen auf 180 °C Ober-/Unterhitze (Umluft: 160 °C) vorheizen. Ein hohes Backblech (25 x 38 cm) mit Backpapier auslegen.
2. Die Eier in einer großen Schüssel aufschlagen, bis sie hell und schaumig sind (etwa 5 Min.). Sour Cream, Wasser, Öl und Backmischung hinzugeben, dann mit einem elektrischen Handmixer bei niedriger Geschwindigkeit gründlich miteinander vermengen. Mit einem Spachtel behutsam umrühren.
3. Die Teigmasse halbieren und zu einer Hälfte den Kakao hinzugeben und verquirlen. Vanille- und Schokoteig in getrennte Spritztüten mit kleinen Löchern an den Spitzen füllen.
4. Abwechselnd Vanilleteig- und Schokoteiglinien diagonal über das Backblech spritzen. Teigreste für witzige Cupcakes aufbrauchen!
5. Das Backblech etwa dreimal leicht auf den Tisch aufstoßen, damit eventuelle Luftblasen hochkommen und aufplatzen. 7–8 Min. backen, bis der Biskuit schwammartig und beim Berühren elastisch ist.
6. Den Biskuit noch heiß vorsichtig auf ein sauberes Geschirrtuch geben. Etwas abkühlen lassen, dann mithilfe des Handtuchs vom langen Ende her aufrollen, eng, aber vorsichtig. Beiseite stellen und 30–40 Min. abkühlen lassen.
7. In der Zwischenzeit die Füllung zubereiten. Frischkäse, Sahne und Puderzucker aufschlagen, bis feste Spitzen stehen bleiben.
8. Die erkaltete Biskuitrolle behutsam wieder ausrollen und die Frischkäsemischung gleichmäßig darauf verteilen; am Ende etwa 1 cm frei lassen. Die zerkrümelten Kekse daraufstreuen und schließlich den Biskuit gleichmäßig und fest wieder aufrollen.
9. Im Kühlschrank 15 Min. fest werden lassen, dann in Scheiben schneiden und servieren.

ZUTATEN- UND REZEPTREGISTER

G

H

J

K

L

M

N

O

P

R

S

T

W

Z

DANKSAGUNG

Wir danken dem gesamten *Twisted*-Team, allen, die dabei waren und sind: Hugh, Tara, Thomas, Alice, Marcus, Alex, Sophie, Jordan, Charly, Nathan, Tassy und Hayden. Der ganzen Jungle-Creations-Familie, dass sie *Twisted* zu dem gemacht hat, was es heute ist, und weil sie dieses Buch ermöglicht hat. Jamie für die Chance, die Vision, das Ganze. Mel dafür, dass wir nicht hingeschmissen haben, und ganz grundsätzlich fürs Authentischsein. All unseren wunderbaren Mitwirkenden an diesem Buch – in euren ganzen einzigartigen und persönlichen Beiträgen fließt unsere Vision von *Twisted* als echtem Kollektiv zusammen; Louise, Alex und Valerie für eure unglaubliche Kreativität; David und Rosie für euren souveränen Blick und euren Humor; unseren Illustratorinnen und Illustratoren Rose, Jessie und Henri für euer riesiges Talent (und eure Tapferkeit angesichts des Auftrags). Chris, Tom und dem Team von LoveGunn – das ist Berufung! Emily für deinen Sinn fürs Detail und deine unfassbare Geduld (und dafür, dass wir uns gut anhören). Lydia und Rose und allen anderen Menschen, die uns wichtig sind, dafür, dass sie es mit uns aushalten.

Und schließlich danken wir euch. Wenn ihr je eines unserer Videos angesehen habt, in einem unserer Restaurants belegte Pommes gekauft oder in unserer Pop-up-Bar vorbeigeschaut habt, mit euren Lieben etwas leicht Durchgeknalltes gekocht und darüber gelacht habt, eure Komfortzone verlassen und etwas Neues ausprobiert habt – wenn ihr eines oder alle diese Dinge gemacht habt – danke. Dieses Buch gehört (buchstäblich) euch.

Bibliografische Information der Deutschen Nationalbibliothek
Die Deutsche Nationalbibliothek verzeichnet diese Publikation in der Deutschen Nationalbibliografie. Detaillierte bibliografische Daten sind im Internet über http://d-nb.de abrufbar.

Für Fragen und Anregungen
info@rivaverlag.de

1. Auflage 2020

Nymphenburger Straße 86
D-80636 München
Tel.: 089 651285-0
Fax: 089 652096

Übersetzung: Martina Fischer
Redaktion: Silke Panten
Umschlaggestaltung: Sonja Vallant
Layout: LoveGunn
Text: Jom Jackson (Einleitung, Rezepte, Geschichten); Tara Maini (Rezepte); Hugh Woodward (Rezepte, Geschichten); Thomas Lethbridge (Geschichten); Alex Duncan (Getränke)
Fotos: David Loftus (Zutaten); Louise Hagger (Anlässe); Kenzo Ejiri (Lifestyle); Laura Heckford (Assistentin, Anlässe)
Food Styling: Rosie Scott (Zutaten); Valerie Berry (Anlässe)
Requisiten-Styling: Alexander Breeze (Anlässe)
Illustrationen: Henri Campeã (Zutaten); Jessie Kanelos Weiner (Geschichten); Rose Electra Harris (Basics)
Creative Director: Tom Jackson
Besondere Beiträge: Harry Bamber
Satz: Satzwerk Huber, Germering
Druck: Firmengruppe APPL, aprinta Druck, Wemding
Printed in Germany

ISBN Print 978-3-7423-1515-1
ISBN E-Book (PDF) 978-3-7453-1187-7
ISBN E-Book (EPUB, Mobi) 978-3-7453-1188-4